W9-BJR-014

Colección

El Domingo

IGNACIO LARRAÑAGA

TRANSFIGURACIÓN

*Un programa
de santificación cristificante*

SAN PABLO

Título ISBN
Transfiguración 958-607-993-7

Autor 4a. reimpresión, 2008
Ignacio Larrañaga Queda hecho el depósito legal según
Ley 44 de 1993 y Decreto 460 de 1995

© SAN PABLO
Carrera 46 No. 22A-90 **Distribución:** Departamento de Ventas
Tel.: 3682099 – *Fax*: 2444383 Calle 17A No. 69-67
E-mail: editorial@sanpablo.com.co *Tel.:* 4114011 - *Fax:* 4114000
www.sanpablo.com.co *E-mail:* direccioncomercial@sanpablo.com.c

BOGOTÁ – COLOMBIA

Presentación

Este libro lo escribí hace seis años para uso de los Guías de *Talleres de Oración y Vida* con el título *Estilo y vida de los Guías*. Desde entonces ha sido el documento de identidad, fuente de inspiración y pauta orientadora para los Guías del mundo entero; en suma, su libro de espiritualidad. En efecto, millares de Guías han ido adquiriendo durante estos años el estilo y los modales de Jesús siguiendo las orientaciones de este escrito.

Casi desde el primer momento me fueron llegando solicitudes y sugerencias, cada vez más apremiantes, en el sentido de que me decidiera a abrir la mano y entregar este documento al Grupo Editorial San Pablo para el servicio del gran público.

Vacilé durante mucho tiempo; consulté; y por fin, movido por no sé qué impulso interior, me decidí a abrirme y hoy lo entrego, lector, en tus manos.

El libro, como lo comprobará el mismo lector, tiene un carácter eminentemente práctico. Se trata, en realidad, de una pedagogía experimentalmente progresiva para una santificación cristificante, individual y comunitaria.

He retirado aquellos aspectos que hacían referencia explícita a los Guías. Y así, el texto ha adquirido validez para cualquier cristiano como también para las agrupaciones cristianas de carácter comunitario.

En realidad, esta obra es una colección abreviada de las sugerencias y orientaciones diseminadas a lo ancho de mis libros.

Ignacio Larrañaga

Asís, 1 de febrero de 1997

Introducción

«Los ideales son como las estrellas:
nunca las alcanzaremos.
Pero igual que los marineros
en alta mar,
trazaremos nuestro camino
siguiéndolas»

(Jean Paul Sartre).

Tomando algunos elementos dispersos en mis libros, he confeccionado un programa de vida.

En realidad, estamos ante un ideal. Y el ideal es como una luz sobre una alta cumbre. Ante esa luz encumbrada se pueden tomar dos actitudes:

a) *Negativa:* Al ver que la luz está tan alta y que yo, cristiano, vuelo tan a ras de suelo, puedo comenzar a llenarme de tristeza y a castigarme a mí mismo con sentimientos de vergüenza y remordimiento, dando rienda suelta a los complejos de culpa.

De esta manera, el ideal, en lugar de ser fuerza de elevación, puede llegar a ser máquina de destrucción y causa de estrago.

¡Cuidado, hermano! Hay que vivir alerta para no rodar por ese precipicio. Es necesario renunciar a los complejos de omnipotencia y aceptar con paz lo poco que podemos. Acepta de entrada las limitaciones de la condición humana y esfuérzate por conseguir, en ese poco que puedes, el máximo rendimiento. Tendrás paz. Serás fuerte.

b) *Positiva:* El ideal (encerrado en este libro) será luz de tu camino, es decir, la conciencia crítica: a su luz podrás ver a cada instante si procedes según el espíritu del

Señor o según tus instintos, y comprobarás si caminas por rumbos exactos o equivocados.

Después de cada caída, este libro te va a gritar: ¡Levántate!, comienza otra vez; mañana será mejor, ¡camina!

Este libro será el amigo que te alentará en los momentos de abatimiento, te dará la mano después de cada caída, te consolará en tus días desolados y te sanará las heridas.

En una palabra: este libro será para ti un instrumento de *conversión permanente*.

Capítulo 1

SOLO SE SABE
LO QUE SE VIVE

En su dicha perdido,
abandonado a tu dulzura ardiente,
de sí mismo en olvido,
el corazón se siente
una cosa feliz y transparente.

1. Ser o no ser

¿Quién es, o mejor, qué es un cristiano? No ciertamente alguien que recibió en herencia una tradición familiar como quien hereda un título nobiliario. Tampoco alguien que, en su niñez, aprendió de memoria unas fórmulas de fe o que va a misa algunas veces, más por la fuerza de la inercia que por convicción.

La fe, si no se vive, acaba por convertirse en una colección de afirmaciones que, no rara vez, suenan a palabras vacías.

Las cosas de la vida sólo comienzan a entenderse en cuanto comienzan a vivirse. De otra manera, miradas fría e intelectualmente, resultan artificiales.

* * *

¿A quién se le ocurre decir que son felices los pobres, y los calumniados, y los perseguidos, y los encarcelados? ¿Dónde estamos? ¿En un mundo alucinado de figuras literarias, paradojas e hipérboles?

Según el sentido común y la opinión pública, la riqueza, el prestigio y la libertad son altos valores de la vida. Pero ahora nos viene el Evangelio afirmando, en una inversión copernicana, y proclamando que son bienaventurados precisamente los que carecen de todo. ¿Cómo se entiende esto?

Todo esto podría sonar a sadomasoquismo a no ser que, detrás de todo, haya un valor que saque de quicio todos los demás valores; y ese valor es una fuerte experiencia de Dios.

Lo que Jesús quiere decir en la Montaña es lo siguiente: usted no tiene un pedazo de pan y se muere de hambre en la calle. Le falta una casa donde dormir y se muere de frío a la intemperie. No tiene libertad porque está preso en la cárcel. Le falta prestigio porque lo han calumniado.

En suma, no tiene nada. Pero, ¿tiene a un Dios vivo y vibrante que llena por completo todos los espacios interiores? ¡Bienaventurado! Felicidad total: lo tiene todo, nada le falta. «El Señor es mi pastor, nada me falta».

Para poder comprender las grandes paradojas del Reino es condición indispensable poseer una viva experiencia de Dios porque —reiteramos— sólo se sabe aquello que se vive.

2. La gloriosa libertad

Se nos dice en la Biblia: «No tengas miedo»; pero todos sabemos que la gente se muere de miedo. La simple observación de la vida nos pone en la evidencia de que mucha gente no vive sino que agoniza bajo una oscura noche interior de temores, ansiedades e inseguridades. ¿Cómo se puede afirmar de manera tan desafiante: «Aunque un ejército entero se alce en orden de batalla contra mí, no tendré miedo de nada»? ¿Cómo se entiende esta contradicción?

Todo depende de si se vive o no se vive la fe. Es decir: cuando el Señor sea *mi Señor,* cuando el Padre sea *mi Padre,* cuando Dios sea verdaderamente *mi Dios;* con otras palabras: cuando yo experimente vivamente que Tú estás conmigo. Tú me envuelves y me compenetras, me habitas y me pueblas enteramente... Entonces sí, ¿miedo a quién? Si el Omnipotente está conmigo, yo soy omnipotente.

Concluyamos: la expresión «no tengas miedo» presupone como condición la afirmación: «Yo estoy contigo», esto es, la percepción y la vivencia, intensiva y experimental, de que Tú estás conmigo. Sólo entonces hace su aparición la gloriosa libertad de los hijos de Dios. ¿Quién contra mí?

* * *

Una y otra vez repiten los salmos que Dios nos libra de los enemigos; pero sucede que los enemigos están siempre a nuestro lado y no necesariamente por nuestra culpa. Nunca faltarán aquellos que cuando tú fracases se alegren y cuando tú triunfes se sientan mal.

Frecuentemente son ellos los enfermos que proyectan en ti sus inhibiciones y represiones; y tú no consigues nada con decirles: «Por favor, no se metan conmigo». Se van a meter. Los que sufren necesitan hacer sufrir. Los que están en guerra siembran vientos de guerra. Los neuróticos neurotizan. Son mecanismos automáticos de compensación como reacción a sus muchas frustraciones. En suma, los enemigos nunca faltarán a la vera del hombre; y el primer capítulo de la liberación consiste en aceptar con paz el hecho de que yo no sea aceptado por todos.

¿Qué quieren decir, pues, los salmos al afirmar que Dios nos libra de los enemigos? ¿En qué sentido nos libra de ellos? No por cierto en el sentido de que los enemigos fueron fulminados por un rayo o pasados a espada. ¿En qué sentido, entonces? Siempre se presupone una viva experiencia de Dios. Esto es: cuando yo me sienta poseído y poseedor de esa Presencia que me llena todos los rincones, cuando yo me sienta envuelto y compenetrado de esa Presencia arrebatadora, embriagadora y casi enloquecedora de mi Dios y mi Padre, lo demás no me importará nada. Si no me importa nada, estoy libre de todo. Desaparecido el miedo, desaparecen los enemigos.

Todo queda relativizado.

Nada ni nadie puede hacerme daño alguno: ni la vida ni la muerte, ni las alturas ni las profundidades, ni las energías aéreas ni las fuerzas de la muerte... Soy libre. ¿Quién contra mí?

Pero todo esto no es para ser entendido especulativamente. Esto no se define, se vive. Y una vez vivido, todo se entiende.

En definitiva, ¿quién es el cristiano del futuro? Alguien que «vio y oyó» algo, alguien que «comió y bebió» con el Resucitado y «lo palpó con sus propias manos». Sólo los que «han estado» con el Señor tienen autoridad moral y categoría apostólica para ser testigos de la resurrección.

3. Tiempos fuertes

Este libro se propone generar y dinamizar en el lector un proceso de transfiguración, cambio de una figura por otra.

Somos criaturas que nos encontramos sorpresivamente aquí, en la vida, sin haber optado por ella. Por otra parte, estamos constituidos, por razones de disposición congénita de personalidad —por consiguiente, sin culpa ni mérito de nuestra parte—, de preciosas cualidades y oscuros defectos que, por cierto, no los escogimos nosotros.

El cambio de una figura por otra consiste en vaciarse de estos oscuros defectos congénitos para ir reemplazándolos poco a poco con los aspectos positivos de Jesús.

Todo consiste en ir muriendo y despojándome de las vestiduras del hombre viejo como el orgullo, el egoísmo, el rencor, la ira..., y en ir revistiéndome de las vestiduras del hombre nuevo, según Cristo Jesús, como la paciencia, la humildad, el amor...

Morir a algo para nacer a algo.

Ausentarme yo de mi territorio para que lo ocupe Jesús.

Desaparecer yo para que aparezca Jesús.

Es Jesús el que, dentro de mí, tiene que ir suavizando las aristas, nivelando los desniveles, esculpiendo una figura nueva.

En esto consiste la *totalidad* del programa cristiano: en un proceso pascual y cristificante nunca acabado: un estar pasado de mi modo de ser al modo de ser de Jesús. Incesantemente, incansablemente.

* * *

Este programa, claro está, presupone, como condición indispensable, que Jesús esté vivo y vibrante en mí; y el método que logra que Jesús esté vivo y sensible en mí tiene un nombre: *Tiempos Fuertes*. Llamamos tiempos fuertes al hecho de reservar fragmentos de tiempo exclusivamente para cultivar la vida privada, el trato personal con el Señor, estando a solas con El, por ejemplo, treinta minutos al día, un desierto al mes.

Entendemos por desierto el hecho de apartarse en silencio y soledad a un lugar retirado, a ser posible en la naturaleza, un mínimo de cuatro horas por lo menos.

Cualquier cristiano podría replicarme: ¿cómo es posible estar tantas horas en silencio y soledad sin cansarse ni aburrirse?

Evidentemente este libro que tienes en tus manos, lector, tiene que ir permanentemente acompañado de otro libro mío, llamado *Encuentro. Manual de oración* (San Pablo, Colombia). En ese manual el lector encontrará diferentes modalidades para relacionarse con el Señor según diferentes personalidades y estados de ánimo, una larga serie de oraciones de diversa naturaleza y para distintas necesidades, además de orientaciones prácticas de vida y numerosos textos bíblicos.

4. Cuánto, cuándo

¿Cuánto tiempo debe dedicar el cristiano a los Tiempos Fuertes?

Como mínimo, media hora diaria (la Sagrada Media Hora), y ojalá cuarenta y cinco minutos; y, a ser posible, un Desierto al mes.

Si me dices que no tienes tiempo para cumplir con los Tiempos Fuertes, te responderé que el tiempo es cuestión de preferencias; y la preferencia es cuestión de prioridades, ya que tenemos tiempo para todo lo que queremos; y prioridad, en nuestro caso, significa que, entre las diversas actividades, la primera importancia o preferencia se la damos a los Tiempos Fuertes.

Cristiano, por consiguiente, es aquella persona que, entre los diversos quehaceres diarios, reserva, como opción preferencial, un tiempo para estar con el Señor.

* * *

¿Cuándo cumplir con los Tiempos Fuertes? Ello dependerá de las características personales, exigencias laborales, circunstancias imprevisibles.

Hay personas que normalmente amanecen fatigadas y de mal humor. A otras, en cambio, al levantarse se las ve descansadas, de buen ánimo y con ganas de cantar. Hay personas que a las diez de la noche se sienten en condiciones ideales para orar cuando el silencio de la noche envolvió el mundo y las cosas, y todos se retiraron ya a descansar. Este es el caso de Jesús, según los numerosos testimonios evangélicos. Puede haber también otras circunstancias que pueden condicionar la programación de los Tiempos Fuertes: hijos pequeños, exigencias laborales y otras emergencias.

¿Cuándo, pues, poner en práctica los Tiempos Fuertes? Pondere cada cual sus condicionamientos personales y demás circunstancias, y organice y determine resueltamente el momento exacto de su diario Tiempo Fuerte. Hay que organizarse. «Salva el orden y el orden te salvará».

Por otra parte, es de desear que el Momento Fuerte diario sea, a ser posible, inamovible, siempre a la misma hora, respetándolo como un tiempo sagrado. En principio es aconsejable que el Momento Fuerte diario se efectúe a primera hora de la mañana. La experiencia enseña que, cuando no se realizó el Tiempo Fuerte diario en el primer momento del día, luego, a lo largo de la jornada, los quehaceres se van acumulando con tal precipitación que, sin darnos cuenta, nos ha sorprendido la noche y el sueño sin haber cumplido con el sagrado Momento Fuerte.

5. Entra en tu cuarto

¿Dónde orar? Escuchemos al Maestro: «Cuando vayas a orar, entra en tu aposento y, después de cerrar la puerta, habla a tu Padre que está ahí en lo secreto» (Mt 6, 6). Hay por ahí, continúa el Maestro, gentes que gustan de orar en las sinagogas y en las plazas para ser vistos y alabados por los hombres. En realidad no buscan al Padre; se buscan a sí mismos. Su vanidad satisfecha será su única recompensa. No así vosotros.

El consejo de Jesús es, pues, terminante: ¿Dónde orar? En el silencio de tu cuarto. Nadie te ve. Te basta saber que el Padre está ahí, contigo. El mismo será tu saciedad y recompensa.

* * *

Tiempos Fuertes diarios, no de cualquier manera, sino con una ordenada programación. Tú mismo tienes que programarte espontáneamente. Dices, por ejemplo: realmente hoy me encuentro de buen ánimo; voy a orar con la modalidad *oración de elevación*. En este día estoy de mal humor por que tengo dolor de cabeza: haré la *lectura rezada* lo mejor que pueda. Hoy se me presenta una jornada difícil, con probables conflictos; necesito el control de los nervios y la serenidad de Jesús; oraré con la *oración de acogida*. Durante tres semanas seguidas me dedicaré a la práctica de la lectura meditada precisamente con la Carta a los filipenses. Toda esta semana me dedicaré a orar con la *oración auditiva*. Hoy es domingo y me siento admirablemente bien; intentaré hacer *oración de contemplación*. Y así sucesivamente: siempre con una ordenada programación, según las modalidades que ya conoces.

Al salir del cuarto, una vez terminado el Tiempo Fuerte, todos los días dirás, a ser posible en voz alta y decidida, estas palabras: «Ahora comienzo a ser como Jesús. Mi Señor, que los que me ven, te vean; que los que me oyen, te oigan». Y saldrás dispuesto y resuelto a ser y actuar como Jesús, preguntándole en cada nueva situación: qué haría Jesús en mi lugar. No habrá derrota en tu camino.

Tiempos Fuertes diarios, con una obstinada tenacidad, sin que ninguna emergencia te haga desistir. Esas circunstancias pueden ser diversas: desgana, temporadas de sequedad o aridez, dolores de cabeza, malestar general, situaciones familiares, urgencias de la vida. Si comienzas por fallar a los Tiempos Fuertes a la menor dificultad, ya has empezado a rodar cuesta abajo. No te olvides: para ser fiel a los Tiempos Fuertes diarios, necesitarás una santa terquedad.

6. Hemos optado por el estilo de Jesús

Como se sabe, más de veinte veces constatan los Evangelios que Jesús se retiraba a orar, siempre solo, casi siempre a un cerro o lugar retirado, generalmente de noche, alguna vez de madrugada. Este hecho es un es espectáculo llamativo, como una ciudad de luz encima de una montaña: no se puede dejar de ver desde todas partes.

Jesús pudo haber ido al templo a orar; ello, sin embargo, no aparece en los Evangelios. Según los documentos evangélicos, siempre que Jesús fue al Templo, lo hizo para el ministerio de la Palabra; en cambio, las muy numerosas veces que los mismos Evangelios nos transmiten la noticia de que Jesús oraba, siempre fue con las características que estamos señalando: siempre solo, casi siempre de noche y generalmente a un monte o lugar retirado. Esta fue, pues, la costumbre de Jesús, su manera de cultivar la vida privada con el Padre, su aventura oracional.

Entre los cristianos nunca se ha insistido ni se insiste en esta manera de orar, con estas características. Pero nosotros, que estamos empeñados, casi obsesionados, en hollar las pisadas de Jesús, hemos optado deliberada y conscientemente por este estilo oracional de Jesús, el de los Tiempos Fuertes, rescatando de esta manera uno de los valores absolutos del Evangelio: la *dimensión contemplativa* de Jesús.

Estamos convencidos, por otra parte, de que este es el procedimiento por medio del cual seremos capaces de vivir durante el día en espíritu de oración, así como de avanzar aceleradamente por el camino de la cristificación.

7. Rodando por la pendiente

Sabemos muy bien lo que sucede; lo estamos comprobando todos los días: cuando un Guía[1] se deja dominar por la tristeza, por el temor o el desaliento, es señal de que no ora, no cumple correctamente con los Tiempos Fuertes diarios.

Cuando un Guía busca reconocimiento o algún género de gratificación por su trabajo de Talleres y, al no obtenerlos, queda abatido o amargado, o entra en conflicto con los demás, es señal de que se busca a sí mismo, y esto, a su vez, sucede porque no ora, descuida los Tiempos Fuertes.

1. Nos hemos permitido dejar intacta esta referencia a los Guías porque puede ser aplicada al pie de la letra a las comunidades cristianas y agrupaciones apostólicas.

Cuando un equipo se desintegra entre discordias y rivalidades por razón de personalismos e intereses propios y por carecer de capacidad de autocrítica, es señal de que cada uno se busca a sí mismo por no orar, por descuidar los Tiempos Fuertes diarios.

Cuando en una ciudad los Talleres bajan de tensión, pierden interés, se desvalorizan, es señal de que sus conductores no oran.

Cuando los Guías van perdiendo el entusiasmo por su trabajo, entrando en la zona de la rutina, se les ve cada vez más desganados, es señal de que no oran, descuidaron los Tiempos Fuertes.

Estos y semejantes casos son síntomas de que Dios ha sido desplazado y reemplazado por el dios «yo»: por eso se buscan a sí mismos. En ese corazón Dios es una palabra vacía. Jesucristo, en ese corazón, ya no es aquella presencia grata y apasio-

nante, sino más bien una presencia con-
gelada, y esos Guías parecen personas desen-
cantadas porque, en realidad, perdieron el
encanto de Dios.

8. En el fondo del barranco

Es un círculo vicioso.

Cuanto menos se ora, hay menos ganas
de orar. Cuanto menos ganas de orar, menos
se ora. Cuando menos se ora, Dios comienza a alejarse. No es que Dios se aleje, pero
la sensación perceptiva que uno tiene es
que Dios es «menos» Dios en mí, como que
se ha tornado en alguien distante, casi in-
existente.

En la medida en que esto sucede, hay
menos ganas de estar con El. Cuanto menos estamos con Dios, El mismo es menos
presencia en mí.

Y aquí y ahora hace su aparición el siguiente fenómeno: en la medida en que Dios

es «menos» Dios, yo soy más «yo» en mí, para mí, aumentando el amor propio: es decir, se hacen cada vez más fuertemente presentes en mí, los aspectos negativos del «hombre viejo», los mil hijos del «yo»: vanidad, búsqueda de sí, resentimientos, vacíos afectivos, rivalidades, tristezas, manías de grandeza, necesidad de autocompasión, mendigar consolación...

Con otras palabras: el vacío que Dios va dejando en mí, instintivamente trato de reemplazarlo, por vía de compensación, con las satisfacciones del «yo». Como consecuencia, aparecen en mi relación con los demás, zancadillas, discordias, envidias, suspicacias, enemistades..., que también son hijas del «yo».

En la medida en que esto sucede naturalmente no hay ganas de estar cerca de Dios; la oración ya no tiene sentido porque uno tiene la impresión de estar soltando palabras en el vacío, de no tener inter-locutor; en suma: no se sabe qué hacer con Dios.

Para este momento, todo va decantán-dose: muerto el sentido de Dios, muere la alegría de vivir, hasta se llega a perder el encanto de la vida. Estamos en el fondo del barranco.

9. Encendiendo fósforos

Y al contrario: cuanto más se ora, Dios es «más» Dios en mí. No es que Dios cam-bie: no puede ser «más Dios o menos Dios»: El es siempre igual a sí mismo; es inmutable y está inalterablemente presente en mí.

Pero en la medida en que mi relación con El es más densa, también su presencia se hace más densa en mí, para mí.

Una comparación: la sala está comple-tamente oscura: no se ve nada. Encendemos un fósforo: algo se ve: una mesa, unos libros, unas sillas. Encendemos cinco fósforos: se ve mucho más: otras mesas, muchas sillas, cuadros en la pared. Encendemos cincuenta fósforos: es una sala hermosa, pero todavía se distinguen zonas de penumbra allá en el fondo. Encendemos mil quinientos fósforos: la sala es un espectáculo inolvidable de belleza, colores y figuras...

¿Cambió la sala? La sala quedó idéntica, igual que antes. Y sin embargo, para mí todo cambió. ¿Qué sucedió? La luz hizo «presente» la sala para mí. La luz hizo que el «rostro» de la sala se hiciera visible para mí. Cuantos más fósforos fui encendiendo, la sala fue haciéndose progresivamente más presente para mí.

Con Dios sucede igual. Cuando no se ora nada, Dios es como una habitación oscura, una palabra vacía, un «don nadie».

Cuando se comienza a orar, Dios comienza a hacerse «presente» en mí. En la medida en que se ora más, El es cada vez más «alguien» para mí, «resplandece la luz de su rostro» en mí; es decir, a Dios se le siente cada vez más próximo, viviente y presente.

No sólo eso. Además se comienza a contemplar todo a la luz de su Rostro. Los acontecimientos que suceden en torno a mí, las cosas, las personas o circunstancias que observo con mis sentidos, tienen un nuevo significado, aparecen revestidos de la luz de su presencia, encuadrados en el marco de su voluntad. No es que los hechos y las cosas estén mágicamente revestidos de luz divina sino que, cuando los ojos del hombre están poblados de Dios, todo lo que contemplan esos ojos aparece revestido de Dios.

En la medida en que avanza este proceso, nacen nuevos deseos de estar con Dios; y en la medida en que más frecuente y profundamente estamos con Dios, entonces se superan las dificultades en El, por El y con El. Se sobrellevan con paz las pruebas, se vencen las repugnancias, los fracasos no destruyen; donde había violencia se pone suavidad, se asumen con alegría los sacrificios y nace por doquier el amor. Nació el encanto de la vida.

10. Una sola obsesión: ser santos como Jesús

Una vez que Jesucristo es, en el corazón, aquella presencia vibrante, comienza también a ser una presencia santificante, es decir, el cristiano comienza a caminar a la luz de su Figura, sintiendo, pensando y actuando como Jesús, clavada en la mente y en el corazón, como espina sagrada y obsesiva aquella pregunta: ¿qué haría Jesús en mi lugar?

El día en que me encuentre con personas hostiles, dejaré a un lado mis viejas y amargas historias con esas personas, y me diré: «Mis ojos, en este momento, son los ojos de Jesús» y miraré a esta persona con los ojos de benevolencia de Jesús.

Cuando me envuelvan las olas de la contradicción, me diré: en este momento yo ya no soy yo; es Jesús quien vive y actúa en mí; y en esta dura confrontación voy a reaccionar con Jesús, con su serenidad, control de nervios y disposición anímica.

Cuando sorpresivamente me suelten palabras ofensivas, primeramente no me asustaré de mi propia turbación; en seguida imaginaré a Jesús delante de sus feroces enemigos, y trataré de controlar los nervios, y callar como Jesús callaba, y responder con palabras serenas como Jesús respondía.

Cuando me entere que me han traicionado por detrás, en primer lugar diré: «Dios mío, calma esta tempestad interior». En seguida dejaré transcurrir un tiempo razonable para que se calme la turbación. Luego pondré ante los ojos de mi alma la figura de Jesús manso y humilde, silencioso ante los jueces, delicado ante el traidor, y diré: «Jesús, entra dentro de mí y perdona tú mismo dentro de mi corazón», y trataré de devolver bien por mal como Jesús.

* * *

Cuando sienta deseos de que me estimen, me reconozcan, me agradezcan, me acordaré de Jesús, que rehuía la publicidad al sanar a los enfermos, al multiplicar los panes, al bajar de la montaña de la transfiguración; evitaré mendigar elogios, rectificando las intenciones, dirigiendo toda gloria a Dios.

Cuando me dé cuenta de que vivo demasiado centrado en mí, me acordaré de Jesús que vivió despreocupado de sí y preocupado de los demás, y que pasó por el mundo haciendo el bien a todos, y me esforzaré por vivir salido de mí y vuelto a los demás.

Cuando tome conciencia de que, en mi trabajo apostólico, sutilmente estoy buscándome a mí mismo, me acordaré de Jesús que nunca se buscó a sí mismo, que renunció a las ventajas de ser Dios y se sometió a todas las desventajas de ser hombre, naciendo y muriendo pobre y humilde, y rectificaré las intenciones en mi intimidad.

Pensando en Jesús que en las horas de la Pasión, nunca se defendió ni se justificó sino que procedió en todo momento con humildad, silencio, paciencia y dignidad, me esforzaré por reaccionar con mansedumbre y paciencia ante las contradicciones e incomprensiones.

Como Jesús se retiraba a los lugares solitarios para estar con el Padre, así yo daré preferencia por encima de los demás quehaceres, a los Tiempos Fuertes diarios.

Los favoritos de Jesús serán mis favoritos, sus opciones serán mis opciones, su estilo mi estilo. Quiero que los que me ven lo vean; que los que me oyen, lo oigan. No sea yo, sea Jesús quien viva en mí, a través de mí para que llegue yo a ser una viva transparencia de su ser y de su amor.

* * *

Y así, tendrá el cristiano la máxima satisfacción que se puede tener en este mundo: la de superarse a sí mismo, trasponiendo sus propios límites. No cabe mayor satisfacción en la vida.

El programa de santificación de muchas espiritualidades en la Iglesia consiste en colocar allá, en el fondo y en el centro, el oscuro misterio del pecado, y en organizar después y dirigir todas las batallas para aniquilar y eliminar el pecado.

Nosotros al contrario, colocamos en el fondo y en el centro la figura deslumbradora de Nuestro Señor Jesucristo, y después, todo nuestro esfuerzo consiste en copiar en nuestra vida, con paciencia y tenacidad, todos los rasgos vitales del Señor Jesús. En suma, nuestra obsesión consiste en ser santos como Jesús.

Es evidente, en todo caso, que si nos esforzamos por ser santos como Jesús, el misterio del pecado queda, sin más, en vías de superación.

11. Con la paciencia de un trigal

Eso sí: este camino de santificación andado, no a alta velocidad, sino a una marcha moderada y paciente. Nadie se haga ilusiones porque éstas terminan siempre en desilusiones. Esta es la realidad: somos limitados; podemos poco.

Todos nacemos con una personalidad que no la hemos escogido: llegamos a la existencia y nos encontramos con una persona (yo mismo) que tiene rasgos o modos de ser, unos positivos y otros negativos, todo mezclado, sin culpa ni mérito de nuestra parte. Todos nosotros tenemos buenas cualidades, pero probablemente entremezcladas con tendencias negativas como irascibilidad, rencor, egoísmo, suspicacias, manías, irritabilidad, instintos de venganza..., un conjunto sombrío que denominamos «el hombre viejo».

La santificación del cristiano consiste en irse despojando, momento a momento y golpe a golpe, de las vestiduras del «hombre viejo» e ir revistiéndose del Hombre Nuevo. Nadie llegará a ser humilde como Jesús, pero la vida deberá ser un estar haciendo actos de humildad como Jesús. Nunca llegaremos a ser mansos y pacientes como Jesús, pero la vida deberá ser un incesante estar haciendo actos de mansedumbre y paciencia como Jesús. La vida entera deberá ser un estar pasando de mi modo

de ser al modo de ser de Jesús: un proceso pascual y cristificante.

* * *

Y esto, pacientemente, lentamente, sabiendo que vendrán las recaídas, pero sin
asustarse por ello; vendrán los retrocesos,
pero sin impacientarse por ello. Ya sabemos
que, al menor descuido, vamos a caer, vol-
viendo a los hábitos del «hombre viejo».
No importa. El problema no es el caer sino
levantarse, diciendo: comencemos otra vez,
mañana será mejor.

Todo es desconcertante. Una misma modalidad, practicada en diferentes días, te dará acaso, diferentes resultados. El día que
estás de buen ánimo, no te sale nada en la
oración; y el día que estás tenso o mal-
humorado, de pronto tienes una oración profunda y entrañable como nunca. No asustarse
cuando los resultados no son proporciona-
dos a los esfuerzos o cuando los efectos

hayan sido inesperadamente imprevisibles. Un mismo ejercicio de silenciamiento hoy te deja relajado, y mañana, tal vez, tenso.

En el espíritu no existen líneas rectas, no hay lógica. De repente, cuando todo avanza viento en popa, tu ánimo está por los suelos, y de pronto, cuando tu camino está sembrado de ruinas, no se sabe qué ángel te sostiene animoso. A veces, en los días azules, tu alma está nublada y en los días nublados tu alma está en azul. No hay lógica. No hay que asustarse.

A la semana de iniciar este programa cristificante, tendrás la sensación de haber progresado mucho y, tal vez, después de dos meses, te parecerá que estás peor que al principio. Lo importante es que una vez que hayan pasado tres o cuatro años, al volver los ojos hacia atrás, puedas decir: me siento diferente de como era hace cinco años; hay más paz en mi alma, más libertad, sufro menos, soy más parecido al Señor.

Dicen que la paciencia es el arte de esperar; prefiero pensar que es el arte de saber, porque lo que se sabe, se espera: el arte de saber y de aceptar con paz que somos esencialmente limitados, que queremos mucho y podemos poco, que con grandes esfuerzos vamos a conseguir pequeños resultados. ¡He aquí, pues, la sabiduría: saber y aceptar de entrada que la realidad es así, sin dejarse abatir por los complejos de culpa o sentimientos de tristeza al comprobar lo poco que podemos, lo bajo que volamos en referencia a la altura de Jesús! De otra manera, las ilusiones por la vía de la desilusión, nos conducirán a la frustración.

¿Asustarse? De nada. ¿Entristecerse? De nada. ¿Avergonzarse? De nada. Es necesario enterrar para siempre esos verbos. Una paciencia infinita, primeramente contigo mismo. Una comprensión infinita, primero contigo mismo. La silenciosa paciencia con que la criatura crece en el seno de su madre;

la misma paciencia con la que, más tarde, aprende a andar y a hablar.

* * *

La ardiente paciencia de un trigal.

Hoy siembras un extenso trigal en el campo. Vuelves a la semana siguiente y no se ve nada: parece que el trigo murió debajo de la tierra. Vuelves a las dos semanas y todo sigue igual: el trigo sigue sepultado en el silencio de la muerte. Retornas a las cuatro semanas, y observarás con emoción que el trigal, verde y tierno, emergió tímidamente sobre la tierra. Llega el invierno y caen toneladas de nieve sobre el trigal recién nacido que, aplastado por el enorme peso, sobrevive, persevera. Vienen las terribles heladas, capaces de quemar toda vida. El trigal no puede crecer, ni siquiera respirar. Simplemente se agarra obstinadamente a la vida entre vientos y tempestades, para sobrevivir.

Asoma la primavera y el trigal comienza a respirar, más tarde comienza a escalar la vida lenta, pero firmemente. Apenas se nota diferencia entre un mes y otro; parece que no crece.

Cuando vuelvas unos meses más tarde, con tus asombrados ojos te encontrarás con el espectáculo conmovedor de un inmenso trigal dorado, ondulado suavemente por la brisa. ¿A qué se puede comparar este espectáculo? Se parece a la esperanza del mundo, al símbolo de toda fecundidad. ¿De dónde viene esta maravilla? De las noches horribles del invierno. Por haber sobrevivido con una obstinada perseverancia en las largas noches de invierno, hoy tenemos este espectáculo que nos hace llorar de emoción.

No hay más. Cuando llegue la hora en que te parece que, en lugar de adelantar, retrocedes, el problema es uno solo: mantenerse de pie, sobrevivir, perseverar.

Cuando la sensación de inutilidad te envuelva como una noche, pensando que estás perdiendo el tiempo, cuando la helada de la aridez o la niebla del tedio te penetren hasta los huesos con ganas de tirarlo todo por la borda, resonarán en tus oídos las palabras del Maestro. Estad despiertos, velad y orad.

Sólo los que perseveraren con una ardiente paciencia, probarán la miel de la victoria: en tus firmamentos habrá estrellas y en tus campos espigas doradas.

* * *

El silencio
lleva en sí tu voz
como el nido
la música de sus pájaros dormidos.

Capítulo 2

VACIOS DE SI

> *«La sombra va despacito*
> *detrás de la luz,*
> *cubierta con el velo,*
> *en secreta humildad,*
> *con callado andar de amor»*

(Rabindranath Tagore).

1. Himno a la humildad

Si intentáramos sintetizar con una palabra el contenido de este capítulo, inclusive intitularlo, lo haríamos con la palabra humildad. Pero, ¡ay!, estamos ante una moneda devaluada, una palabra que poco o nada dice a nuestros oídos y que, por eso mismo, hoy día está fuera de circulación.

Comencemos, pues, desde el primer momento por desentrañar su contenido:

El humilde no se avergüenza de sí
ni se entristece;
no conoce complejos de culpa
ni mendiga autocompasión;
no se perturba ni encoleriza,
y devuelve bien por mal;
no se busca a sí mismo,
sino que vive vuelto hacia los demás.
Es capaz de perdonar
y cierra las puertas al rencor.

Un día y otro día el humilde aparece
ante todas las miradas
vestido de dulzura y paciencia,
mansedumbre y fortaleza,
suavidad y vigor,
madurez y serenidad.

Y, sin posible cambio, habita permanentemente en la morada de la paz; y las aguas
de sus lagos interiores nunca son agitadas
por las olas de los intereses, ansiedades,
pasiones o temores.

Las cuerdas de su corazón pulsan al uní-
sono, como melodías favoritas, los verbos
desaparecer, desapropiarse, desinstalarse,
desinteresarse.

Le encanta vivir retirado en la región
del silencio y el anonimato. El humilde res-
peta todo, venera todo; no hay entre sus
muros actitudes posesivas ni agresivas. No
juzga, no presupone, nunca invade el san-
tuario de las intenciones. Es sensible hasta
sentir como suyos los problemas ajenos, y

su estilo es de alta cortesía. En suma, es capaz de tratar a los demás con la misma comprensión con que se trata a sí mismo.

Día y noche se dedica a cavar sucesivas profundidades en el vacío de sí mismo, a apagar las llamas de las satisfacciones, a cortar las mil cabezas de la vanidad, y por eso siempre duerme en el lecho de la serenidad.

* * *

Para el humilde no existe el ridículo; nunca el temor llama a su puerta; le tienen sin cuidado las opiniones ajenas; nun-ca la tristeza asoma a su ventana; para él vivir es soñar.

Nada ni desde dentro ni desde fuera logra perturbar la paz del humilde y mira el mundo con los ojos limpios.

Desprendido de sí y de sus cosas, el humilde se lanza de cabeza en el seno profundo de la libertad. Por eso, una vez vaciado de sí mismo, el humilde llega a vivir, libre de todo temor, en la estabilidad emocional de quien está más allá de todo cambio.

En suma, se trata de la espiritualidad de los «anawin», los *pobres y humildes de Dios*. Nos hallamos, pues, en el corazón de las Bienaventuranzas, en la cumbre misma del Sermón de la Montaña.

El camino de la humildad siempre aterriza en la meta del amor.

2. Apropiarse

Cualquiera de nosotros puede sentir el deseo de poseer algo, de hacerlo *mío, para mí*. Ese algo puede ser una idea, una persona, un éxito, un cargo, un proyecto, un nombre, la imagen de mí mismo... Los hago míos en la medida en que los utilizo para mi propio provecho o satisfacción.

Y así, podemos extender un puente de energías adhesivas enlazando mi persona con ese algo; a este enlazamiento, a este hacerlo mío, llamamos apropiación. Lo peor que puede suceder es que ese algo sea..., yo mismo: en tal caso me transformo en propietario de mí mismo.

Naturalmente, no se trata de una apropiación jurídica, sino más bien psicológica o afectiva. El ser humano, pues, puede establecer, instintivamente y sin darse cuenta, un vínculo emotivo de posesión, un deseo vivo de hacerlo mío y para mí, una tendencia a asirme a algo con las «manos» de mis energías mentales y afectivas.

Cuando el «propietario» adherido emocional y acaparadoramente a un algo, presiente que su apropiación está amenazada o la puede perder, suelta una descarga de energía emocional para la defensa de las propiedades amenazadas; es el temor que, rápidamente, puede tomar, según los casos, la forma de sobresalto, ansiedad, agresividad.

El temor es guerra; es decir, la propiedad necesita armas que la defiendan, y de la defensiva el propietario salta a la ofensiva y ahí se hacen presentes las armas que defienden las propiedades: rivalidades, partidismos, discordias, agresividad de toda especie.

Ello, a su vez, roba al propietario la alegría de vivir. Le roba también la libertad interior porque el propietario queda atrapado y dominado por la misma propiedad: se hace esclavo de su propiedad.

Por otra parte, pierde también la visión proporcional de la realidad: minimiza o sobrevalora los acontecimientos, de acuerdo a sus temores o deseos; no puede ver las cosas tal como ellas son sino a la luz de sus ficciones e intereses. Todo esto le hace vivir perpetuamente ansioso e inseguro. En suma, la apropiación es esclavitud, tristeza y guerra.

Está a la vista, por contraste, que sólo los humildes y vacíos de sí podrán habitar en el reino de la armonía, de la sabiduría y de la paz. Sólo los humildes son libres. Sólo los humildes son felices.

* * *

Un Guía[2] se apropia de su servicio cuando, al aplicar las Sesiones, lo hace (en el secreto de su corazón y seguramente sin darse cuenta) para obtener la adhesión, la estima o simpatía de los tableristas, buscando sentimientos gratificantes como el elogio, el quedar bien u otros sentimientos como el reconocimiento, el agradecimiento.

2. De nuevo dejamos intactas las siguientes referencias a los Talleres por considerar que ellas pueden servir de gran provecho para las comunidades apostólicas.

Y si, al no obtenerlos, el Guía queda triste o frustrado, es señal de que se buscaba a sí mismo, había apropiación.

Un Responsable (o un Guía) se apropia del cargo cuando en lugar de hacer del cargo un servicio, se sirve del cargo tomándolo como una plataforma para proyectarse a sí mismo, para sentirse importante, para saborear la satisfacción y la gloria que el cargo le reporte.

Es señal de que hay apropiación cuando un Responsable no actúa ni permite que los demás actúen, o cuando a los hermanos los hace incondicionales a su persona, dependientes y dominados, organizando sutilmente grupos adictos a su persona para la defensa de sus intereses.

* * *

Cuando entre los talleristas de una ciudad, o en un equipo local o nacional, surgen y se arrastran —a veces por largo tiempo— discordias y partidismos, es señal de que algunos (o todos) se buscan a sí mismos, chocan los intereses personales de los unos contra los de los otros, descuidando la gloria de Dios.

Cuando los Responsables, en sus diferentes niveles, agarrados al poder, proceden en relación con sus súbditos con arbitrariedades, decisiones caprichosas e injustas o abusos de poder, es señal de que se buscan a sí mismos, actuando movidos por rastreros motivos egoístas que ni ellos mismos alcanzan a vislumbrarlos; y sería el colmo si lo hicieran invocando el nombre de Dios.

Y nunca faltan quienes se creen víctimas, mendigando autocompasión, y dejándose llevar por complejos de inferioridad o manías persecutorias, enredan, intrigan, forman grupos... Son los buscadores de sí mismos, y probablemente sin darse cuenta de ello.

¿Conclusión? El enemigo fundamental de los Talleres, en todas partes y en todos los tiempos, es y será la apropiación. La condición primaria para que los Talleres lleguen a ser, para siempre, en el seno de la Iglesia, un instrumento de feliz evangelización, es que los Guías vayan haciéndose, paso a paso, desapropiados y vacíos de sí, pobres y humildes de corazón.

* * *

Pero casi nadie se da cuenta de que está metido en el juego de la apropiación, y resulta extremadamente difícil descubrir las motivaciones que yacen bajo la conducta apropiadora, porque siempre y en todo, cada quien cree actuar con recta intención, y por otra parte a los apropiadores les cuesta mucho hacer una verdadera autocrítica porque frecuentemente están ofuscados por la imagen de sí mismos, y necesitados de estima popular.

El misterio se consuma en el mundo de las intenciones y motivaciones, un mundo desconocido para uno mismo, y no rara vez cuando uno creía estar actuando limpiamente, los resortes secretos que impulsaban la conducta eran hijos disfrazados del amor propio.

Como el avestruz esconde la cabeza debajo del ala para no ver al cazador, el amor propio (el «yo») se disfraza, se engaña a sí mismo, ocultándose bajo las alas de las razones, que casi siempre son excusas y pretextos para engañar a los demás. Los apropiadores no toman conciencia, no quieren o no pueden tomarla, les cuesta reconocer que están metidos en un juego de intereses camuflados, promovidos por el orgullo de la vida y la imagen inflada de sí mismo.

Pidamos al Espíritu Santo, de rodillas, con ardor y sin cesar, el espíritu de discernimiento, y sobre todo el espíritu de humildad.

Necesitamos vivir permanentemente en estado de alerta, asomarnos al mundo secreto e inconsciente de las motivaciones, para rectificar sin cesar las intenciones y para que Dios –su gloria e intereses– sea el motivo inicial y final de toda nuestra actuación.

3. Rezan y no cambian

Nunca falta por ahí gente que dice alegremente: «Rezan, pero no cambian». Dejemos aparte el hecho de que, frecuentemente, los que nunca rezan se defienden a sí mismos atacando a los que rezan. Además, hay que preguntarse que si, rezando, son así, ¿cómo serían si no rezaran?

Nosotros mismos somos testigos, en nuestra propia intimidad, de cuántos esfuerzos necesitamos hacer, de cuántos vencimientos en el silencio del corazón, sin que nadie los note, para percibir alguna mejoría, un leve crecimiento. No se puede decir tan alegremente «rezan y no cambian». Además nadie cambia: en el mejor de los casos, mejoramos. Nadie llegará a ser humilde como Jesús; la cuestión es pasar la vida entera haciendo actos de humildad al estilo de Jesús.

* * *

En todo caso, comencemos por aceptar, por metodología, la hipótesis de que hay quienes rezan y no cambian.

Es un hecho: en la historia del espíritu conocimos personas piadosas que, al parecer, hasta el fin de sus días arrastraron sus defectos congénitos de personalidad. Dedicaron a Dios muchas horas, pero hasta la muerte permanecieron egoístas, susceptibles, infantiles. Al parecer, no mejoraron.

En cambio, el Dios de la Biblia es un Dios que cuestiona y desinstala: nunca deja en paz aunque siempre deja paz. No responde, sino pregunta. No facilita, sino dificulta. No explica, sino complica. A su propio Hijo, en la hora de la Gran Prueba, lo deja solo y abandonado, luchando cara a cara con la muerte. A sus elegidos los lleva al Desierto, donde los va forjando a fuego lento en el silencio y en la soledad. Siempre hay un Egipto de donde salir, y este Dios va sacando incesantemente al pueblo y colocándolo en marcha en dirección de una tierra prometida, llena de árboles frutales, que son: humildad, amor, libertad, madurez.

* * *

Ahora viene la pregunta: ¿qué pasó aquí?, ¿cómo se entiende la contradicción de que estas personas trataron tanto con Dios, y un Dios liberador, cómo no los liberó?

Dedicaron tantas horas a Dios, y un Dios que nunca deja en paz, ¿cómo las dejó en paz y sin paz?

La respuesta sintética es esta: estas personas en lugar de dar culto a Dios, se dieron culto a sí mismas. Aquel Dios con quien tanto trataron no era el **otro**; era una proyección de sí mismos. No hubo una salida hacia el **otro**; el centro de interés estuvo en sí mismos, eran ellos mismos. Parecía que buscaban a Dios; se buscaban a sí mismos. Parecía que amaban a Dios; se amaban a sí mismos. Parecía que servían a Dios; se servían de Dios.

Como no salieron de sí mismos, no maduraron. Porque si no hay salida, no hay libertad. Si no hay libertad, no hay amor. Si no hay amor, no hay madurez. Por eso no crecieron.

4. Donde está el amor, ¿allí está Dios?

¿Quién es, pues, el verdadero Dios? ¿Cuál es la señal por la que distinguiremos al verdadero Dios? La señal es el amor: el Dios verdadero es aquel que nos saca de la esclavitud del egoísmo y nos pasa a la patria del amor, porque «Dios es amor».

Pero esta palabra, *amor,* es la peor entendida, porque gran parte de las veces que parece que amamos, en realidad nos amamos.

Parecía que amabas a este amigo; pero ayer te informaron que este amigo se expresó negativamente respecto de ti, y tú dices: «Nunca más con él»; y efectivamente le cierras para siempre las puertas de la confianza. ¿Quién amaba a quién? Parecía que le amabas al amigo; ¿es que lo amabas o te amabas a ti mismo en él, buscando no sé qué utilidad?

Podría yo desvivirme día y noche por el pueblo, luchando por liberarlo de todas las esclavitudes y conducirlo a una patria feliz. Seguramente este pueblo comentará diciendo: ¡Cómo nos ama este hombre! Y mientras tanto podría yo tomar al pueblo como una plataforma para sentirme realizado, importante, famoso. ¿Quién amaba a quién? ¿Servía al pueblo o me servía del pueblo?

* * *

Con Dios sucede igual.

Estoy, supongamos, encima de una tarima hablando al pueblo. Si no estuviera encima de la tarima, el pueblo no me vería.

Podría colocar a Dios como tarima y sentarme yo encima como trono: si yo no pronunciara mucho el nombre de Dios, la gente no me conocería. Podría, pues, comenzar a pronunciar mucho el nombre de Dios para, detrás de su nombre, proyectar mi propio nombre; invocar mucho «la voluntad de Dios» para promover, a su amparo, mi propia voluntad. Mientras rompemos lanzas por la gloria de Dios, podemos, a la sombra de esa gloria, resguardar nuestro prestigio o defender nuestras instituciones o doctrinas.

Todo depende de la intención. Una misma tarea que llevo a cabo al impulso de una intención purísima y santa, podría hacerla, sin que se note gran diferencia y quizás sin darme cuenta, por una finalidad bastarda de narcisismo, egolatría y autoglorificación. Evidentemente, Dios no puede bendecir la obra de una persona que, con ocasión de su apostolado, se busca sistemáticamente a sí misma.

* * *

Como bien lo sabemos, el ser humano es congénitamente egoísta y vanidoso, y de esto no hay que asustarse. Sale a pasear, y ya está dando vueltas en su intimidad y saboreando aquel elogio que le hicieron, aquel éxito que tuvo, aquel aplauso.

Su instinto de vanidad es como una serpiente de mil cabezas: siempre está con alguna cabeza levantada pidiendo una manzana de autosatisfacción. Hay que cortarle la cabeza, que quiere decir: no concederle ninguna satisfacción, rectificar la intención y matar de hambre a la serpiente. Pero como tiene mil cabezas, a la vuelta de la esquina y en el momento menos pensado, levanta otra cabeza y la persona ya está de nuevo saboreando aquel halago, aquellas palabras elogiosas que le dijeron, la estima popular, alimentando el «yo», y mientras mejor alimentado el «yo», mayor será su tiranía.

Hay que cortarle la cabeza: y en la medida en que se le deja de alimentar, irá desfalleciendo, y muerto el «yo», ¡qué descanso! Es necesario estar la vida entera asomados al mundo de las intenciones, rectificándolas: que sea Dios, limpiamente, el motor que impulse toda nuestra actividad.

5. Productividad y fecundidad

Sabemos que todo el mundo, por instinto, se busca a sí mismo: en la esfera general de la vida, toda unidad viviente, desde las algas marinas hasta el hombre, está organizada con las energías centradas sobre sí misma para la defensa del individuo. Podríamos decir que, por razones biológicas, todo ser viviente es, de alguna manera, egocéntrico.

Un comerciante instala su comercio en el barrio, diciendo que lo hace para servir al barrio, cuando todo el mundo sabe que lo hace para aprovecharse del barrio. Los políticos proclaman a los cuatro vientos que están sirviendo al pueblo y el pueblo replica que están sirviéndose de él. Todo esto es sabido y nadie se escandaliza de ello.

Los únicos que no pueden darse el lujo de buscarse expresamente a sí mismos con ocasión de su trabajo, son los que trabajan en las cosas de Dios, porque justamente de esto depende la fecundidad de su trabajo.

Una cosa es la productividad, y otra, la fecundidad. La productividad es cuantificable: entra en las leyes de proporcionalidad, causa y efecto, acción y reacción, y se mueve en el vaivén de las estadísticas: tantos bautizos, tantas comunidades de base, tantos programas de evangelización... La productividad depende de nosotros.

Pero la fecundidad no puede reducirse a estadísticas. El actor y autor del Reino es Dios mismo; y la fecundidad la imparte Dios, y la da en proporción al silencio o pureza del corazón. Y así, en la Historia de la Salvación, nos sentimos impactados por un hecho sorprendente, a saber: los más altos capítulos de esa Historia fueron llevados a cabo por personas de escaso brillo humano: Abrahám, María de Nazaret, Francisco de Asís, el santo Cura de Ars, Juan XXIII..., siervos pobres y humildes, carentes de preparación y de dones intelectuales: al vaciarse de sí mismos, dejaron espacio libre para que, a través de ese vacío, se transparentara la potencia salvadora de Dios.

Son un testimonio flagrante de que sólo Dios es el actor y autor del Reino, que en sus manos está la fecundidad y que El no necesita personalidades o estructuras espectaculares, sino de siervos humildes y transparentes para llenar de prodigios la historia del mundo.

* * *

Una comparación. Tenemos delante de los ojos un enorme y limpísimo vidrio. A través de él aparece el paisaje tan nítidamente que tenemos la impresión de que no existiera el vidrio. Cuanto más desaparece el vidrio (cuanto más limpio esté), tanto mejor se transparenta el paisaje. Si, en lugar de un vidrio limpio, tuviéramos un vidrio sucio y lleno de polvo, no veríamos el paisaje sino el vidrio; esto es, el vidrio sucio, en vez de transparencia, sería interferencia entre el paisaje y mis ojos.

6. La desaparecida

María aparece en los Evangelios como una personalidad de contrastes: por un lado es una mujer silenciosa, aparentemente pasiva, y por el otro, creativa hasta la audacia. Enterada de la gravidez de Isabel, fue rápidamente, cruzando las montañas de Judá para felicitarla y ayudarla. ¡Y pensar que esto lo haya hecho una jovencita de unos quince años...! No deja de parecernos una temeridad. Ella lo hizo.

En Caná de Galilea, María dándose cuenta de que faltaba el vino, ella misma tomó la iniciativa para solucionar la deficiencia, nada menos que insinuando un prodigio... Podemos imaginar qué no habría hecho una mujer de semejante creatividad en el seno de la primitiva Iglesia.

En los catorce primeros capítulos del libro de los Hechos, la Iglesia de Jerusalén se mueve siempre en torno a los Apóstoles y éstos en torno del binomio Pedro-Juan. Ahora bien, ¿Dónde estaba María? En casa de Juan. No se necesita forzar mucho la imaginación para concluir deductivamente que la Iglesia giraba en torno a María y que ella sería la verdadera animadora de aquel grupo perseguido. Sin embargo, los Hechos no nos transmiten ni la más mínima indicación en este aspecto: no le dieron ninguna importancia a María porque ella misma no se la daba. Actuó siempre según su estilo: desaparecida, reservada, en un segundo plano.

Una sola vez aparece en el primer plano: al pie de la cruz, en el momento de la ignominia: «Junto a la cruz de Jesús estaba de pie su Madre».

Si alguien supo mucho de los datos biográficos de María, ese alguien fue Juan. Pues bien, Juan, en su Evangelio, nos transmite tan sólo dos episodios de la vida de María. Ni el mismo Juan dio importancia a María como figura central en la Historia de la Salvación. ¿Por qué? Porque fue ella la desaparecida, tenazmente oculta bajo la penumbra del silencio y del olvido. A través de María se hizo presente el resplandor del Altísimo ante el mundo, y ella quedó quieta, en silencio. Por eso es la Madre fecunda hasta el fin del mundo, porque a tanto silencio tanta fecundidad.

7. Donde está la humildad, allí está Dios

Arriba formulamos una pregunta: ¿Dónde está el Dios verdadero? Respondimos: donde hay amor, allí está Dios. Pero hemos comprobado que la palabra amor es terriblemente falaz y que gran parte de las veces en que parece que amamos, en realidad, nos amamos. Tenemos que buscar, pues, otra fórmula, y es esta: donde está la humildad, allí está Dios.

La energía vital puede ser egoísmo o amor; egoísmo cuando está adherida a mí mismo y amor cuando se despliega hacia los demás. Así, pues, para que la energía vital pueda estar disponible para el servicio de los demás, anteriormente tiene que desprenderse de mí. A tanto desprendimiento, tanto amor.

Si habláramos en proporciones matemáticas, diríamos que, si consigo desprender de mí diez grados de energía vital, en ese caso podré disponer de diez grados de amor, en cuyo caso tendríamos, por otra parte, diez grados de Dios (permítasenos hablar así) porque Dios es amor.

Si fuéramos capaces de desprender setenta grados de energía vital, dispondríamos de setenta grados de amor. Si, en la historia del mundo hubiese alguien capaz de liberar el cien por cien de energía vital, ese alguien sería totalmente amor. Este es el caso de María de Nazaret: fue plena de gracia o plena de Dios porque fue plenamente vacía de sí misma. Porque estuvo enteramente ausente de sí misma. Dios estuvo enteramente presente en ella. A tanta humildad, tanto amor. A tanta humildad, tanta plenitud divina, en rigurosa proporcionalidad. ¿Conclusión? Donde está la humildad, allí está Dios.

8. «Seréis como dioses»

Desde que, en la tarde del paraíso, el hombre sucumbió a la tentación del «seréis como dioses», un instinto oscuro lleva el hombre clavado en sus entrañas: el de constituirse en «dios», y el de reclamar para sí toda la adoración. De alguna manera presiona a todos los seres a ser sus adoradores. Apropia las realidades que están a su alcance: dinero, belleza, sexo, encanto, inteligencia..., todo lo somete a su servicio y utilidad. Usa y abusa de lo que considera «suyo»: «Todas las criaturas las sometió a su vanidad» (Rm 8, 20).

Si pudiera dominar el mundo entero, lo haría. Si pudiese apropiarse de todas las criaturas, lo haría. Siente una sed insaciable de estima popular. Con frecuencia su vida es competencia para ver quién logra mayor supremacía. El pecado es uno solo: pretender ser «dios».

Todo el que amenace eclipsar su brillo queda constituido en enemigo y, en su corazón, da lugar a la enemistad para desencadenar una guerra con el fin de anular a cualquier competidor.

Cuanto más tiene, cree ser más libre, cuando en realidad es más esclavo. Cuanto más propiedades posee, cree ser más «señor», cuando en realidad está más atado que nunca, más dependiente es. Por su insaciable deseo de ser el primero, se castiga a sí mismo con envidias, rivalidades, sueños imposibles, zozobras para lograr hegemonías que, a la postre, lo transforman en una pobre víctima. Vive lleno de inquietud por la conquista de un prestigio personal y cuando lo ha conseguido, vive muerto de miedo de perder el tal prestigio.

9. Es preciso que yo disminuya para que El crezca

En resumen, es esclavo de sí mismo y de sus apropiaciones, y la esclavitud consiste en la idolatría o egolatría: todo su problema está en desplazar al «dios–yo» y reemplazarlo por el Dios verdadero. La salvación integral consiste en que Dios sea verdaderamente *mi Dios*. Para ello tiene que vaciarse de sueños y quimeras que han brotado en torno al ídolo «yo» y que, al mismo tiempo, lo engendran.

Si el primer mandamiento, como hemos dicho, consiste en que Dios sea mi Dios, y el único «dios» que puede impedir que Dios sea Dios en mí soy yo mismo, el único «dios» que puede disputar a Dios su reinado sobre el hombre es el hombre mismo, la conclusión se impone: o se retira el uno o se retira el otro, ya que dos señores no pueden gobernar un mismo territorio: «No podéis servir a dos señores» (Mt 6, 24).

Así pues, el Reino es una disyuntiva: o Dios o el hombre, entendiendo por hombre aquel ser egolátrico centrado exclusivamente sobre sí mismo. Por este camino llegamos a la siguiente proporcionalidad: cuanto «más» somos nosotros en nosotros mismos, Dios es «menos» Dios en nosotros. Esto es: cuando nos colocamos en el centro de nosotros mismos, ocupando todas las zonas de interés, es un territorio ocupado: no hay lugar para Dios ni para el hermano.

Y al contrario: cuanto menos somos nosotros en nosotros mismos, Dios es «más» Dios en nosotros. Es decir: en la medida en que, con autoanálisis e introspección, golpe a golpe, vamos desmoronando la estatua del «yo», desprendiéndonos de las adherencias, despojándonos de las apropiaciones, haciéndonos paulatinamente pobres y humildes como María y Jesús..., entonces tenemos el territorio libre y disponible: el Otro y los otros pueden hacerse presentes en mí.

* * *

Y por este camino llegamos a otra proporcionalidad francamente sorprendente: el primer mandamiento es análogo y hasta idéntico a la primera Bienaventuranza. Me explico: en el desierto del Sinaí la fórmula de la Alianza sonó, en síntesis, de la siguiente manera: Israel, no habrá para ti otro dios que Dios (Ex 20, 2-4). Con la fuerza salvaje de una fórmula primitiva y desértica nos entrega la Biblia el secreto final del Reino: que Dios sea Dios en nosotros.

¿Y qué viene a decirnos la primera Bienaventuranza? Viene a decirnos que Dios es Dios allí donde uno mismo no es dios de sí mismo, allí donde respira un corazón desprendido, vacío de sí, pobre y humilde. Si Jesús dice que el primer mandamiento contiene y agota toda la Escritura, paralelamente podemos afirmar que la primera Bienaventuranza contiene y agota todo el Sermón de la Montaña y todo el evangelio del Señor. En definitiva, el misterio total del Reino se mueve sobre dos ejes: el primer mandamiento y la primera Bienaventuranza.

De aquí nace la tradición bíblica según la cual Dios es la herencia de los pobres y los pobres son la herencia (territorio) de Dios.

Aquí se origina también la tradición según la cual Dios no sólo nació de una mujer pobre y humilde de corazón, sino que (Dios) se encarnó en el seno pobre de una «pobre de Dios», porque la virginidad es psíquica y físicamente silencio, soledad, vacío. En suma: Dios se encarnó en el seno silencioso y solitario de una mujer pobre y humilde de corazón.

10. Práctica liberadora

El problema, pues, es uno: vaciarse verdaderamente de sí mismo, extinguir la llama del «yo», ir desprendiendo pacientemente las mil y una adherencias y apropiaciones.

Vive atento a ti mismo. Permanece intuitivamente asomado a tu mundo de las intenciones, alumbrando con la lámpara de la auto-crítica los motivos que engendran tus reacciones y mueven tus acciones, observando y convenciéndote de la falacia de esa imagen ilusoria de ti mismo.

Sé riguroso contigo mismo: mira que el «yo» te va a reclamar ahora un bocado de autocompasión, luego te exigirá un momento de autosatisfacción, más tarde llorará pidiéndote que lo defiendas, te suplicará que no lo dejes en ridículo, te hablará en el nombre de la razón y de la objetividad, te sacará a relucir conceptos elevados como autorrealización, te precaverá contra el peligro del masoquismo y autodestrucción, te dirá que no hay que confundir la humildad con la humillación... Nunca faltarán explicaciones, excusas, justificaciones, en tu intimidad. ¡Cuidado!

No te dejes ofuscar, manténte frío, sé implacable: no le des satisfacciones a esa fiera hambrienta. Cuanto mejor la alimentes, mayor tiranía ejercerá sobre ti.

Si hablan desfavorablemente de ti, no te importe nada, quédate en silencio, no te defiendas, deja que se desangre el amor propio.

No te justifiques, dando explicaciones para quedar bien, si tus proyectos no salieron a la medida de tus deseos. Es preferible un poco más de humildad (libertad) que un poco más de prestigio.

No busques aprobación y elogios en tus actuaciones ni abierta ni disfrazadamente.

Si calculas que, presentándote ante ese grupo te van a felicitar por tu actuación, no vayas.

Hay maneras camufladas de mendigar elogios o rehuirlos; evítalos.

Evita hablar de ti mismo, o de tus asuntos.

No busques disfrazadamente aplausos y parabienes.

Es, sobre todo, en tu intimidad donde se libra la principal lucha liberadora: rectifica incesantemente las intenciones: que sólo Dios sea la única causa móvil de tu quehacer.

No saborees, rumiándolos, los recuerdos halagüeños, las actuaciones felices. En lugar de saborearla tú mismo, remite a Dios la gloria de tus realizaciones.

* * *

Sin embargo, no transformes esta lucha liberadora en un deporte ascético, sino en un hollar las pisadas de Jesús.

Piensa, imagina al Pobre de Nazaret rehuyendo tenazmente cualquier popularidad, quedándose una y otra vez en silencio ante los acusadores cuando los jueces lo invitaban a defenderse, no echando mano de su divinidad para librarse de la muerte y de otros tragos amargos, siendo uno de tantos en la vulgaridad de Nazaret, escondiendo celosamente en el anonimato el resplandor de su divinidad.

Con qué obsesión, cuántas veces ordenó Jesús perentoriamente al curar a los ciegos, sordomudos y endemoniados, a los discípulos al bajar de la montaña de la Transfiguración: «No se lo digáis a nadie». Parece que sentía horror de ser ladrón, de usurpar la gloria que sólo al Padre le correspondía.

¿Qué sentía Jesús al decir: «No me importa mi prestigio sino la gloria del Padre»?

¿Qué sentía Jesús, cómo se sentía al permanecer en un profundo silencio ante los tribunales de Caifás y Pilato?

¿Qué sentía Jesús, qué quería significar cuando afirmaba solemnemente que «hay que negarse a sí mismo»? ¿Qué resonancias había en su corazón cuando se atrevía a afirmar que «quien odia su vida, la ganará»? ¿Cuáles significados y alcances aparecían sobre los horizontes de Jesús al decir: «Si alguno quiere venir en pos de mí, niéguese a sí mismo, tome su cruz cada día y sígame»?

Si el cristiano quiere asomarse a los abismos últimos del misterio viviente de Jesús, si queremos reducir a una síntesis magistral todo cuanto Jesús era, sentía, pensaba y soñaba, he aquí su fotografía: «Aprended de mí, que soy manso y humilde de corazón, y hallaréis descanso para vuestras almas». He aquí el quehacer fundamental del cristiano: vivir mirando al pozo infinito de Jesús, hecho de silencio, vacío, humildad y anonadamiento, y suplicar ardientemente y pedir su disposición interior: dame tu corazón pobre y humilde.

Si así vas retirando el aceite, la llama acabará por apagarse y habrás ganado la batalla de la libertad.

* * *

No es el martillo
el que deja perfectas
las piedras ásperas,

sino el agua
con su danza y su canción.

Oración

Jesús, manso y humilde de corazón,
ardientemente te suplico que hagas
mi corazón semejante al tuyo.
Dame la gracia de ir adquiriendo
progresivamente un corazón desprendido
y vacío, manso y paciente.
Dame la gracia de sentirme bien
en el silencio y el anonimato.
Líbrame del miedo al ridículo,
del temor al fracaso.
Aleja de mi corazón la tristeza.
Hazme libre, fuerte y alegre.
Que nada pueda perturbar mi paz,
ni asustarme.
Que mi corazón no sienta necesidad
de autosatisfacciones y pueda yo dormir
todos los días en el lecho de la paz.
Revísteme de dulzura y paciencia,
mansedumbre y fortaleza, suavidad
y vigor, madurez y serenidad.
Y los que me ven, te vean, Jesús. Amén.

Letanías de la Humildad

(Cardenal Merry del Val, siglo XIX)

*Jesús, manso y humilde de corazón,
escúchame.
Del deseo de ser estimado,
líbrame, Jesús.
Del deseo de ser ensalzado,
líbrame, Jesús.
Del deseo ser honrado y alabado,
líbrame, Jesús.
Del deseo de ser preferido a otros,
líbrame, Jesús.
Del deseo de ser aceptado por todos,
líbrame, Jesús.*

*Del miedo de ser despreciado,
líbrame, Jesús.
Del miedo de ser olvidado,
líbrame, Jesús.
Del miedo de fracasar,
líbrame, Jesús.*

Del miedo de ser humillado,
líbrame, Jesús.
Del miedo de no ser aceptado,
líbrame, Jesús.

Que los demás
puedan tener más éxito que yo,
dame la gracia de aceptarlo con paz, Jesús.
Que los demás
puedan ser mejor aceptados que yo,
dame la gracia de aceptarlo con paz, Jesús.
Que los demás
puedan ser más amados que yo,
dame la gracia de aceptarlo con paz, Jesús.
Que los demás
puedan ser preferidos a mí,
dame la gracia de aceptarlo con paz, Jesús.

Himno

Cristo Jesús
siendo de condición divina,
no hizo alarde de ser igual a Dios;
sino que se vació a sí mismo
tomando condición de siervo,
haciéndose semejante a los hombres,
tomando forma de hombre.
Y se humilló a sí mismo
obedeciendo hasta la muerte,
una muerte de cruz.
Por lo cual Dios lo exaltó
y le otorgó el Nombre
que está sobre todo nombre.
Para que al nombre de Jesús
toda rodilla se doble
en los cielos, en la tierra
y en los abismos
y toda lengua confiese
que Cristo Jesús es SEÑOR
para gloria de Dios Padre

(Flp 2, 6-11).

Capítulo 3

EL SUEÑO DE ORO

La vida se nos da gratuitamente
y la merecemos dándola.

1. De la humildad al amor

El mundo es falaz. Falaz significa apariencia o verdad aparente. La verdad aparente, evidentemente, en el fondo es mentira. El mundo cree que un hombre, en la medida en que más propiedades posee, más «señor» es. Así, por ejemplo, este sujeto tiene en propiedad tres haciendas, dos casas y cuatro coches: es indiscutible que, de cuantas más posesiones dispone, en más zonas o territorios puede ejercer el señorío, más «señor» es. Esto es verdad, pero una verdad aparente.

La verdad de fondo es otra, y la contraria: cuantas más propiedades tiene, más atado está; menos libre es, menos «señor», porque cada propiedad que se siente amenazada le va a tironear al propietario, gritándole: «Defiéndeme»; y el propietario se turbará; y la turbación es un conjunto de energías defensivo-agresivas liberadas para la defensa de las propiedades amenazadas.

Es evidente que cuando aquí hablamos de propiedades estamos hablando de apropiación, nos referimos al hecho de hacer de cualquier bien, hacerlo «mío», para mí.

Por tanto, un hombre, cuantas más propiedades posea, más amenazado se va a sentir, y por consiguiente más agresivo, más temeroso, menos libre, menos «señor». Al final, propiedad y guerra son una misma cosa. Imposible el amor allá donde no hay humildad, allí donde los corazones no estén vacíos de sí mismos. Si en lugar de tres haciendas, el dueño poseyera una sola hacienda, más libre se sentiría; y si, voluntariamente, se desposeyera, uno por uno, de todos los bienes, sería el hombre más libre del mundo. Al menos en principio.

* * *

Si los hermanos están llenos de sí mismos, llenos de intereses personales, en sus relaciones cotidianas chocarán los intereses de los unos contra los intereses de los otros y el Sueño de Oro saltará, hecho pedazos por los aires. Donde hay propiedades, tarde o temprano se hará presente la violencia.

Con otras palabras: cuando los hermanos se sientan amenazados en sus ambiciones o en su prestigio personal, estos hermanos saltarán a la pelea, a la defensa de sus propiedades o ambiciones, y de la defensiva saltarán a la ofensiva, y allí se harán presentes las armas que defienden las propiedades: rivalidades, envidias, intrigas, sectarismos, acusaciones, en una palabra la violencia que acabará por desgarrar la túnica de la unidad fraterna. Repetimos: imposible el amor allí donde no haya humildad; o a la inversa: donde hay un corazón vacío allí nace el amor.

Por eso nosotros, al ofrecer el capítulo anterior, hemos colocado una base sólida, el fundamento indispensable para que el Sueño de Oro de Jesús pueda ser una realidad.

Si en una habitación guardamos un millón de monedas de oro, esa habitación estará herméticamente cerrada con dobles cerrojos, candados, cajas fuertes... Donde hay un tesoro, a su lado están las armas defensivas. Pero si en esa habitación no tenemos nada, ni siquiera una triste silla, ese cuarto se ventilará admirablemente con puertas y ventanas abiertas. Donde no hay nada que defender todo está abierto.

Si los hermanos están llenos de intereses personales, esos hermanos estarán cerrados a los demás hermanos con reticencias, bloqueos, suspicacias, temores. Junto a los tesoros siempre están las armas, listas para entrar en acción. Pero si esos hermanos están vacíos, son desapropiados y humildes, siempre estarán con las puertas abiertas a los demás hermanos, sin ningún bloqueo. Se acogerán, se comunicarán, se aceptarán, se asumirán, dialogarán. Serán apertura y transparencia. Sólo entre hermanos humildes y vacíos de sí puede concretarse el Sueño de Oro de Jesús.

2. Dios amó primero

Juan comienza por identificar Amor y Dios. Si Dios es amor, donde está el amor allí está Dios. Pero ya explicamos que esta palabra (amor) es tan mágica como equívoca porque gran parte de las veces en que parece que amamos, en realidad nos amamos. Así pues, «el que dice: yo amo a Dios, pero se desentiende de su hermano, es un mentiroso. El mismo Dios nos ordenó que el que ama a Dios, ame también a su hermano» (1Jn 4, 20).

* * *

Lanzando una mirada retrospectiva sobre los horizontes de la Historia de la Salvación constatamos que Dios actuó en diferentes ocasiones y de variadas maneras: durante la travesía del desierto se transformó en una nube para proteger al pueblo contra los rayos solares; luego en una antorcha de estrellas; después en una tienda de campaña junto a las palmeras; más tarde en espada y trompeta en la boca de los profetas. Hizo proezas increíbles de amor. Pero, al final, como resumen de todas las hazañas, acabó por entregarnos a su Hijo. No cabe mayor amor.

Ahora, si nosotros queremos participar de Dios, sólo será posible por el camino del amor. Y como amar significa darse, sólo dándonos divinizaremos. Pero darse, ¿a quién? Y aquí Juan rompe el arco de la lógica y se sale por la tangente: la lógica hubiera dicho así: si Dios nos ha amado de esa manera, nosotros vamos a amarlo de la misma manera. Pero no. Juan se va por otro camino: «Si Dios nos ha amado de esa manera, nosotros debemos amarnos unos a otros de la misma manera». Y Juan concluye reafirmando:

«Amémonos, pues, unos a otros ya que El nos amó primero» (1Jn 4, 17).

Llegado este momento, Juan se detiene desconfiado: cuidado, queridos míos; en esto del amor es fácil emocionarse con palabras bonitas pero lo importante son las obras (1Jn 3, 17).

¿Cómo amar, pues? ¿Cuál es el criterio para distinguir las emociones de los hechos? Juan responde: «El dio su vida por nosotros, y nosotros debemos dar la vida por nuestros hermanos» (1Jn 3, 16).

* * *

Dar la vida: he ahí la definición del amor: un amor, pues, exigente y concreto, dentro de la ley de la renuncia y de la muerte. No, ante todo, un amor emotivo, sino oblativo.

¿Qué significa, pues, dar la vida? No se trata de dar algo: toma este regalo, por ejemplo. Se trata de *darse*. Para darse, hay que desprenderse, y todo desprendimiento es doloroso, es morir a algo vivo. Si doy mi piel, para darla tengo que desprenderme de ella. En todos los sentimientos adheridos a mi persona, como en el caso de perdonar, adaptarme, comprender..., antes de darme, tengo que morir a algo muy vivo como el rencor, la repulsa.

Por gusto no se perdona. Para darme en forma de perdón a este que me desprestigió, tengo que morir al instinto de venganza. El modo de ser de este tipo me desagrada. Mi reacción espontánea sería huir lejos de él; tengo que morir a ese impulso de fuga. Pero por gusto no se muere. Este morir para darme sólo con Jesús puede hacerse; sólo Jesús puede establecer una revolución en las leyes del corazón, colocando acogida donde había resistencia, perdón donde había venganza, dulzura donde había repugnancia y suavidad donde había violencia. Sólo Jesús es capaz de compensar este morir con la mayor satisfacción. Sólo Jesús sana, libera, purifica el corazón humano.

La cuestión es preguntarse una y mil veces qué haría Jesús en mi lugar; cómo perdonaría, cómo aceptaría, cómo comprendería, cómo acogería. Lo repetimos mil veces: el misterio del amor fraterno consiste en imponer las convicciones de fe sobre las emociones espontáneas.

3. El Sueño de Oro

En la vida itinerante del Maestro con los Doce, Jesús fue el Hermano que les trató a ellos como el Padre lo había tratado a El. Fue sincero y veraz con ellos. Les previno de los peligros, les alentó en las dificultades, se alegró de sus éxitos. Fue exigente y comprensivo a la vez. Necesitó un extraordinario tacto para suavizar las tensiones y superar las rivalidades entre ellos. Con infinita paciencia les corrigió sus errores.

Les lavó los pies. Fue delicado con el traidor, comprensivo con Pedro, cariñoso con los niños, paciente con todos. Sembró infatigablemente la esperanza. Fue un hermano entre los hermanos, comiendo en la mesa común, durmiendo bajo las estrellas, como en un hogar itinerante. Al final, se los dijo con palabras explícitas: «Así como el Padre me amó a mí, de la misma manera yo os he amado. Ahora haced otro tanto entre vosotros». Cuando me recordéis, pensad en una sola cosa: que yo os amé y que vosotros, así mismo, debéis amaros unos a otros.

* * *

Jesús, sabiendo que había llegado la hora de regresar al Hogar del Padre, se arrodilló a sus pies, y como en una suprema expresión de humildad y amor, comenzó a lavarles los pies. Vosotros me llamáis Maestro y

103

Señor, y lo soy efectivamente. ¿Habéis visto alguna vez que el Señor esté sirviendo a la mesa? Nunca. Sin embargo, a mí me habéis visto en el suelo a vuestros pies, y ahora sirviéndoos a la mesa como el último de la casa. Ya os he dado el ejemplo: ahora haced vosotros otro tanto: amaos como yo os amé.

Os dejo una bandera por la que el mundo os distinguirá como discípulos míos: si os amáis como yo os amé. No tengáis miedo. No quedaréis huérfanos. Me voy. Como recuerdo os dejo en herencia mi propia felicidad. Este es mi testamento: Sed *uno* como el Padre y yo; y, en nuestra unidad, sea consumada vuestra unidad.

En los días de mi peregrinación os encomendé muchas cosas: que sanéis a los enfermos, limpiéis a los leprosos... Pero ahora, en esta hora de despedida, os digo: por encima de todas las tareas que os encomendé, vuestra tarea primera y esencial en mi ausencia, y hasta que yo regrese, es que os dediquéis a amaros unos a otros.

Esta es mi última voluntad, mi testamento final y mi Sueño de Oro: amaos mutuamente.

* * *

Y levantando los ojos con infinita reverencia dijo: Padre, sacándolos del mundo los depositaste a éstos en mis manos. Yo les expliqué quién eres tú y ahora ellos saben que yo nací de tu amor. Tú me los entregaste como hermanos y yo los cuidé como una madre. Como tú me trataste, así los traté yo. Cuando estaba con ellos, yo los cuidaba. Ahora cuídalos tú. Te pido que los egoísmos, los intereses y las rivalidades no desgarren la unidad entre ellos. Como tú, oh Padre, estás en mí, y yo en ti, también ellos sean consumados en nuestra unidad.

4. «Mis hermanos»

Después de vivir durante tres años, como un hermano más, en el seno de aquella familia itinerante, al final, al retornar al hogar del Padre, Jesús dio la razón profunda de aquella singular fraternidad: «Anda y diles a mis hermanos que subo a mi Padre y vuestro Padre, a mi Dios y vuestro Dios».

Antes de morir, cuando la semejanza de Jesús con los Doce era total, los llama, como gran privilegio, «amigos», porque les había abierto su intimidad y manifestado sus secretos.

Pero ahora, una vez muerto y resucitado, cuando Jesús ya no pertenecía a la esfera humana, sorpresivamente comienza a llamarlos «mis hermanos». Aquí está el secreto: Jesús los cuidó con tanto cariño porque el Padre de Jesús era también el Padre de los Apóstoles, y el Dios de aquellos pescadores era también el Dios de Jesús.

Más allá de todas las diferencias, una corriente profunda y fundamental unificaba a todos aquellos que tenían un Padre común. Por eso conscientemente estamos repitiendo hasta la saciedad que el secreto y el misterio del amor fraterno está y estará en imponer las convicciones de fe sobre las reacciones espontáneas.

Este tipo no me gusta, pero su padre es mi padre. Este me levantó la voz el día pasado, pero no puedo separarme de él porque su padre es mi padre. Este otro desde hace semanas está reticente y cerrado conmigo; ¡qué ganas de responderle con la misma actitud! Pero no: su padre es mi padre. La ideología política de este vecino la detesto, pero su padre es mi padre. El temperamento de este compañero de trabajo francamente me resulta antipático; para no exteriorizar mi molestia tengo que estar recordándome sin cesar que su padre es mi padre.

El Dios que me amó gratuitamente y me acogió es el Dios de ese hermano. Será necesario abrirme, aceptarlo y acogerlo como al hijo de «mi Padre».

5. Signo y meta

Al desaparecer la fraternidad itinerante de Jesús, con la dispersión de los apóstoles en el mundo, surge en Jerusalén una copia de aquella familia apostólica. Y los Hechos la presentan como el ideal de la existencia cristiana.

Vivían unidos. Tenían todo en común. Se les veía alegres. Nunca hablaban con adjetivos posesivos: «mío», «tuyo». Acudían diariamente y con fervor al templo. Gozaban de la simpatía de todos; en una palabra, tenían un solo corazón y una sola alma. Y todo esto causaba una enorme impresión en el pueblo.

Fraternidad evangélica no significa tan sólo que vivamos juntos, ayudándonos y complementándonos unos y otros en una tarea común, como en un equipo pastoral, sino que sobre todo tenemos la mirada fija los unos en los otros para amarnos mutuamente. Y más que eso, que vivimos unos con los otros, como el Señor nos dio el ejemplo y el precepto.

Este amor, vivido por los hermanos en medio del mundo, llamará de tal manera la atención que se constituirá en el argumento sensible y profético de que Jesús es el Enviado del Padre y de que está vivo entre nosotros. Cuando la gente observe un grupo de hermanos vivir unidos en una feliz armonía, acabarán pensando que sólo una persona viva puede engendrar semejante espectáculo y que, por consiguiente, Jesús tiene que estar vivo porque de otra manera no se podría explicar tanta belleza fraterna. Así, el amor fraterno se torna en un sacramento profético, en un signo indiscutible de la potencia resucitadora de Jesucristo: «En esto les distinguirán si son de los míos».

El pueblo, que posee una gran sensibilidad, percibe certeramente cuándo entre los hermanos reina la discordia, cuándo la frialdad y cuándo la armonía.

* * *

Muchas tareas les encomendó Jesús a los suyos. Les insistió que se preocuparan de los necesitados; les indicó cómo tenían que defenderse ante los tribunales. Les pidió que limpiaran a los leprosos, sanaran a los enfermos, resucitaran a los muertos. Les mandó que recorrieran el mundo anunciando las noticias de última hora.

Pero, al final, en el último momento y con carácter urgente de testamento final, les comunicó que, entre todas las actividades señaladas o preceptuadas, la actividad esencial de los discípulos, hasta que El regresara, había de ser esta: vivir amándose unos a otros.

Es, pues, el amor fraterno el objetivo central o la meta final de los seguidores de Jesús; es decir, si los discípulos no hicieran en este mundo otra cosa que vivir amándose unos a otros, habrían cumplido con la razón misma por la que Jesús vino a este mundo.

6. Aceptar a Jesús como «Hermano»

Dios es amor porque amar significa dar y Dios nos ha *dado* lo que más quería: su Hijo. Jesucristo es, pues, el don de los dones o el colmo de los regalos. Y El, a su vez, ha *dado* su vida por nosotros.

Concluyamos, pues, que si el amor es el fundamento de la fraternidad y Jesús es el centro de ese amor, el secreto mismo del amor evangélico está en aceptar a Jesús por cada uno de los hermanos como Don de Dios y Hermano nuestro.

Aceptar a Jesús significa que su presencia nos incomoda, cuestiona y desafía cuando en nuestra intimidad hacen su aparición sentimientos que no son según el espíritu de Jesús, sentimientos como discordias, aversiones, antipatías que levantan muros de separación y dividen a los hermanos.

Aceptarlo significa que El desvanece nuestros temores y nos «obliga» a salirnos de nosotros mismos para perdonar, aceptar y acoger al hermano.

* * *

Acepto a Jesús cuando al retirarme un hermano la palabra, en lugar de reaccionar yo con la misma actitud, tomo la iniciativa para saludarlo y decirle palabras amables. Aceptamos a Jesús cuando, en un momento determinado, dejando a un lado personas agradables, vamos en busca de personas que no nos caen bien. Aceptamos a Jesús cuando, al hablar mal, todos, en contra de alguien, tratamos de quedar en silencio o decir palabras de comprensión.

Aceptamos a Jesús cuando respetamos y reverenciamos a cualquier hermano como si fuera el propio Jesús y nos esforzamos en no hacer diferencia entre el hermano y el *Hermano*.

En una palabra, acepto a Jesús cuando, en lugar de reaccionar con mis impulsos instintivos en mis relaciones con los demás, trato de reaccionar en todo momento con los criterios y actitudes de Jesús, preguntándome cómo reaccionaría Jesús en este caso. Cuando, en lugar de dar paso a mis típicas incomprensiones y antipatías, devolviendo mal por mal y juzgando siempre a lo humano, trato de juzgar y actuar con un corazón compasivo y misericordioso como el de Jesús.

Viviendo así, estamos gritando ante el mundo, y sin abrir la boca, que Jesucristo vive.

7. Jesús, redentor de los instintos

Lo más importante en nosotros es lo desconocido de nosotros, nuestro mundo inconsciente. Ya dijimos que lo consciente es como un fósforo encendido y lo inconsciente como una noche oscura; lo consciente es como una isla de pocos metros cuadrados y lo inconsciente como un océano dilatado. En suma, lo más importante es lo más desconocido. Por eso hacemos lo que no queremos, porque desde mundos desconocidos nos surgen impulsos desconocidos, que nos asaltan y dominan la conciencia y hacemos lo que no queremos. La tarea de Jesucristo como redentor del mundo es bajar al mundo desconocido del hombre y redimir sus impulsos primitivos.

Para poder amar, la primera condición es no amarse desordenada y exclusivamente a sí mismo. Lo que se opone al amor es, pues, el egoísmo. Y los «hijos» del egoísmo son: orgullo, odio, resentimiento, rencor, vanidad, envidia, venganza, todo para mí nada para ti, deseos de apropiación, arrogancia, agresividad, tensión, miedo. Estos son los instintos salvajes que lanzan al hermano contra el hermano, separan, oscurecen, obstruyen y destruyen el amor y la unidad.

Sólo Jesús puede bajar a las profundidades donde habitan los instintos, calmar las olas, controlar las fuerzas salvajes y transformarlas en amor. Sin Jesús no es posible el amor evangélico.

* * *

Vivir en el espíritu de Jesús significa que los hermanos se esfuerzan para que no sean mis impulsos, hijos del «yo», el motivo que mueve mis actitudes y reacciones en las mutuas relaciones, en la convivencia de todos los días, sino los sentimientos de Jesús.

En un descuido, en el momento menos pensado, surgen en un individuo los impulsos instintivos, por ejemplo: mantenerse reticente frente al prójimo; minimizar el prestigio de un autosuficiente; soltar aquí un grito; mantener la cara cerrada y hostil para que él sepa que ya lo sé; largar más tarde una ironía para molestar a este antipático; tomar una secreta venganza de un antiguo agravio, reaccionar con mal humor; dejar de lado a este tipo que no me cae bien...

Si en ese momento, el hermano con un golpe en la frente se da un toque de atención, diciéndose a sí mismo: ¡despierta!, ¡recuerda!: no es ese el estilo de Jesús, no es su ejemplo ni su precepto; tengo que sentir y actuar como Jesús; ¿qué sentiría, qué diría Jesús en mi lugar? Si en ese momento el hermano hace vivamente presente a Jesús, Jesús mismo atajará el paso a esos impulsos oscuros y sofocará las voces del instinto.

Cuando el hermano recuerde que Jesús supo devolver bien por mal, supo guardar dignidad y silencio ante el tribunal de los acusadores, cómo trató al traidor, cómo miró a Pedro, cómo fue siempre pobre y humilde de corazón, cómo perdonó setenta veces siete, cómo fue conmovedoramente compasivo y misericordioso con toda la fragilidad humana..., instintiva e instantáneamente se preguntará el hermano cuál sería la reacción de Jesús, si estuviera en mi caso, y habrá comprensión, bondad, acogida.

* * *

Las características de los impulsos son la sorpresa y la violencia. Cuando nosotros estamos descuidados y sin darnos cuenta nos dejamos llevar del impulso espontáneo, somos capaces de cualquier barbaridad, de la que nos arrepentimos a los pocos minutos.

Es la conciencia la que tiene que estar alerta. En la conciencia es donde Jesús tiene que estar vivo y presente, para detener y atajar a todas las fuerzas salvajes y transfigurarlas en energías de acogida y amor.

117

La cuestión es una sola: que Jesús esté vivo en mi conciencia, y lo que hace que Jesús esté vivo en la conciencia es la oración. La verdadera oración acaba siempre en la santidad de vida.

8. Respetarse

La vida me enseñó dolorosamente que el Sueño de Oro comienza a desmoronarse cuando comienza a rodar por la pendiente de la falta de respeto. Es imposible pretender levantar el edificio de la fraternidad si no colocamos como fundamento el respeto mutuo.

Toda persona es misterio, es decir, un mundo y una experiencia que nunca se repetirán; yo solo y una sola vez. El *otro*, como misterio que es, es un mundo sagrado; y como sagrado, merece respeto. Lo primero que sabe un sabio es que no sabemos nada del otro, porque el otro es un mundo desconocido. Y la actitud elemental ante lo desconocido es, cuando menos, la del silencio, porque, en el fondo, no sabemos nada del otro.

El respeto implica dos actitudes: una interior y otra exterior. Primeramente presupone venerar el misterio del hermano como quien venera algo sagrado, expresándonos en nuestra terminología, como quien venera, en el otro, la persona de Jesús. En segundo lugar una actitud exterior: no meterse con el otro: no juzgar mal, no hablar mal.

La falta de respeto se llama *murmuración*. Todo el que murmura se mete en el mundo del otro, nada menos que en el recinto sagrado de las intenciones. Allí levanta un tribunal: juzga, condena y publica la sentencia condenatoria. El pueblo llama a eso *meterse:* «No te metas conmigo». De esto se trata: de meterse o no, de invadir o no el terreno sagrado y privado del otro.

La murmuración envenena rápidamente cualquier atmósfera. Es una auténtica epidemia: hablaron mal de ti; tú hablas mal de ellos. La violencia engendra violencia. Las palabras son como pelotas que botan y rebotan. Los chismes vuelan, corren de boca en boca, cada vez más desfigurados, magnificados, como las bolas de nieve, que cuantas más vueltas dan, más grandes son.

En ese clima nadie se fía de nadie. Nadie habla con sinceridad. Todos están con sus puertas cerradas o semicerradas. Por todas partes se respira suspicacia, se siente inseguridad. Como consecuencia, cada hermano se refugia en sus recintos interiores. Todos están a la defensiva. Imposible la transparencia. Y así, la falta de respeto desencadena un proceso interminable de calamidades como la soledad, la agresividad, la evasión. Y sobre todo las enemistades.

* * *

El modo ideal de respetarse es con el silencio. Silencio interior, en primer lugar. Es en el corazón donde nacen todos los males. Antes de hablar mal de un hermano, ya había sentido en su interior aversión o antipatía contra ese hermano. O mejor, habló mal porque anteriormente ya había sentido mal en su corazón. Respetar al otro «callando» en la intimidad. No pensar mal, no sentir mal, haciendo una transferencia: sintiendo por este hermano aquí presente el mismo afecto y devoción que siento por Jesús.

En segundo lugar, silencio exterior. Frecuentemente no se pueden justificar las conductas de los hermanos: son claramente censurables. Pero siempre podremos cubrir las espaldas del hermano ausente con un manto de silencio, simplemente callando. Al enterarme del «pecado» del hermano, mi mejor homenaje hacia él, mi primera y concreta manera de amarlo, consistirá en echar siete llaves al tal secreto, y que el día de mi muerte pueda yo bajar a la sepultura con el secreto en la mano.

Al presentarme ante las puertas de la eternidad, el mejor billete de entrada será no un ramillete de flores sino de secretos silenciosamente guardados. En el paraíso solamente entran los que amaron: y los que callaron, amaron.

* * *

He comprobado en mi vida, dolorosamente, que la falta de respeto o murmuración es el primer eslabón de una cadena interminable de calamidades fraternas.

Donde hay murmuración, no hay confianza; se cierran los corazones; nace y crece el veneno de la hostilidad que, poco a poco, va dando paso a aversiones profundas, rencores enconados.

En ese ambiente inevitablemente nacen los partidismos y grupos antagónicos, verdaderas fuerzas de choque. Y, en ese mar de hostilidad, ya se podrá imaginar, naufragan inexorablemente los proyectos apostólicos, planes pastorales... Toda esta catástrofe proviene de la falta de respeto de los hermanos.

Desde el momento en que se cumple esta sola condición (la del respeto mutuo), automáticamente comienza a crecer el árbol de fraternidad; nace la confianza, crece la acogida mutua en medio de una apertura general y en un clima cálido de gozo fraterno. Todo comienza a caminar admirablemente allí donde se cultiva el respeto mutuo.

9. Perdonarse

En la base de todos los conflictos fraternos está el problema del perdón. La gente es ofendida algunas veces, pero se siente ofendida muchas veces. Necesitamos estar perdonando sin cesar, sanando las heridas.

De otra manera el rencor es un tumor que envenena las fuentes de la alegría, inunda de tristeza el alma y cubre nuestro cielo de nubes oscuras. El resentimiento sólo destruye al resentido. No hay locura mayor que atizar y alentar el rencor. El perdón beneficia al que perdona.

Por otra parte, los corazones doloridos son corazones desabridos en el trato con los demás. Perdonar equivale a liberarse de un peso muerto, a sanarse como quien extirpa un tumor, a purificarse como quien retira un veneno. No existe terapia tan liberadora como el perdón. Por simple interés de equilibrio emocional y salud mental valdría la pena estar perdonando constantemente.

De las diversas maneras de perdonar que existen, la más eficaz de todas es la del perdón *en el espíritu de Jesús*.

Se trata de colocarse (en un estado de gran concentración y serenidad) en el interior de Jesús, asumir su disposición interior identificándote espiritualmente con todo su Ser (y esto en la potencia del Espíritu Santo), de tal manera que tus ojos son los ojos de Jesús, tus brazos, los brazos de Jesús, tu corazón, el corazón de Jesús.

Coloca a tu «enemigo» en el rincón de tu memoria y, en plena intimidad con Jesús, trata de mirarlo con los ojos de Jesús, sentirlo con el corazón de Jesús, abrazarlo con los brazos de Jesús; como si tú fueras Jesús, hechos Jesús y tú mentalmente una misma identidad, perdonar, comprender, amar, abrazar (a ese «enemigo») largamente hasta sentir una gran paz.

10. Con entrañas de misericordia

Para dar los primeros pasos en la concretización del Sueño de Oro hay que comenzar por conjugar, de manera conjunta y complementaria, los cuatro verbos: comprender, respetar, aceptar, perdonar. Para sintetizar de alguna manera el contenido de los cuatro verbos, tenemos la divina palabra *misericordia*. Y si quisiéramos definir de alguna manera al Jesús de los Evangelios sería con esos dos adjetivos, que en el fondo son una sola cosa: *compasivo y misericordioso*.

El problema inicial consiste en conducirse con un corazón compasivo y misericordioso con el hermano y su situación, en dejarse llevar por una reacción de simpatía gratuita de un corazón salido de sí y vuelto al otro, por una emoción bondadosa y sabia que deriva del hecho de sentir y sufrir con el otro.

El «otro» es casi siempre un desconocido; y, por desconocido, incomprendido; y por incomprendido, no es aceptado, y de ahí surgen los conflictos.

El otro no escogió su existencia. Fue arrojado a la vida sin haberlo deseado ni elegido. No escogió a sus padres. No le gusta su persona. Tiene un carácter extraño que, si a mí me irrita, más le irrita a él mismo que lo tiene que cargar día y noche.

Su actitud para conmigo parece obstinación; no es obstinación, es necesidad de autoafirmación. Su reacción del día pasado parecía agresividad contra mí; no era agresividad, era una manera de darse seguridad a sí mismo. Parece orgulloso; no es orgulloso, es tímido.

De mi parte el problema es uno solo: conducirme respecto a él con entrañas de misericordia.

* * *

Si él es un tipo difícil para mí, mucho más difícil es para él mismo. Si con ese modo de ser sufro yo, mucho más sufre él mismo. Si hay alguien interesado en este mundo en no ser así, no soy yo, es él mismo. Le gustaría agradar a todos; no puede. Le gustaría ser encantador, equilibrado; no puede. Si él hubiese escogido su modo de ser, sería la criatura más encantadora del mundo. ¿Qué sentido tiene irritarse contra un modo de ser que él no escogió? ¿Dónde está la culpa? ¿Será que merece repulsa o simplemente comprensión?

No hay otra vía de sabiduría sino la de mirarlo, analizarlo y juzgarlo con entrañas de misericordia.

Si yo, deseándolo vivamente, no puedo agregar un centímetro a mi estatura, cuánto menos podré agregar un centímetro a la estatura del otro, airándome contra él. Si yo primeramente debo aceptarme a mí mismo tal como soy, y no tal como me gustaría ser, se concluye que debo aceptar al otro, no tal como a mí me gustaría que él fuese, sino tal como en realidad es. Aceptar al otro es, pues, salirse de sí mismo, situarme en el lugar del otro para analizarlo desde él mismo.

No es cuestión de averiguar si tiene razón o no. Tratarlo con entrañas de misericordia significa colocarse por encima de las razones y meter en el juego las «razones» de la piedad y la compasión, en la línea de la pura gratuidad, y considerar al hermano como un regalo de Dios y alegrarme de su existencia y reconocerla como positiva.

11. Apertura-Acogida

Al final, la esencia misma del Sueño de Oro consiste en el juego recíproco de abrirse (comunicarse) y acogerse. Yo me abro a ti y tú acoges mi salida; tú te abres a mí y yo acojo tu salida.Y en medio se da el encuentro o la intimidad: yo contigo, tú conmigo.

La persona no es un ser «para sí» o «hacia sí». Al contrario, la persona, por su naturaleza, es tensión o movimiento hacia el otro. Si el otro abre las puertas a esa tensión, entonces nace relación viva «yo-tú», un «nosotros».

Así pues, la comunicación no es conversación, intercambio de frases, preguntas y respuestas, ni siquiera diálogo. Antes bien es una relación, mejor, una revelación interpersonal, donde hay un amplio juego en el que se cruzan recíprocamente las individualidades. Se trata de una intercomunicación de conciencias por la que el otro vive en mí y conmigo, y yo vivo «en» él y «con» él.

Resulta doloroso descubrir la propia intimidad. Tenemos miedo de abrirnos porque tememos perder lo más sagrado y secreto de uno mismo. Los tímidos tienen una dificultad especial para comunicarse. En todo caso la comunicación es una aventura y exige coraje.

* * *

Acoger (al hermano) significa que yo hago un lugar dentro de mí para que el otro lo ocupe.

Acoger significa dejar al otro la entrada libre en mi recinto interior, recoger al otro en mi interior con brazos de cariño.

El misterio de la fraternidad es, pues, como lo hemos dicho, un juego balanceado sobre dos polos: apertura y acogida. El resultado es la comunión fraterna que no es otra cosa sino un movimiento oscilante de dar y recibir.

El efecto inmediato es la confianza, y el fruto final el gozo: «¡Qué cosa más hermosa ver a los hermanos vivir unidos bajo un mismo techo!».

12. Cariñosos

Ser cariñoso significa conducirse con un corazón afectuoso en el trato con los demás.

Significa ser amables y bondadosos, tanto en los sentimientos como en las actitudes en relación con aquellos que están a nuestro lado.

No hay normas para ser cariñosos. Lo importante es que el otro, a partir de mi trato con él, perciba claramente que yo estoy con él.

En suma: es una corriente sensible, cálida y profunda.

No hay recetas para ser cariñosos, pero hay gestos y actitudes que son portadoras de cariño: una sonrisa, un gesto, una mirada, una pregunta: «¿cómo te sientes?». ¡Es tan fácil hacer feliz a una persona! Basta una aproximación, una palabra. ¡Qué fácil y qué estupendo acercarse a un hermano atribulado para decirle: no tengas miedo; todo pasará; mañana será mejor, cuenta conmigo!

¡Qué tarea sublime la de llevar un vaso de alegría llamando por teléfono a alguien simplemente para decirle: ¿cómo estás?, ¿cómo te sientes de salud?, ¿cómo van tus compromisos?!

¡Qué fácil dedicarle, de pronto, unos momentos a alguien sin un porqué, sin ninguna finalidad!

Es tan fácil estimular y alentar a cualquier hermano comunicándole buenas noticias: todo el mundo hace elogios de ti; todos están contentos; todos aprueban tu actuación...

Nosotros no podemos hacer feliz a nadie. Pero sí podemos dedicarnos a entregar vasos de felicidad, copas de cariño: actitudes, gestos, aproximaciones, miradas, sonrisas, palmadas en el hombro... Con eso no hemos hecho feliz a nadie pero hemos repartido pequeñas oraciones de felicidad.

¡Qué bella profesión esta de repartir vasos de cariño, copas de alegría, pequeñas porciones de aliento y esperanza! ¡Es tan fácil! Basta con estar salidos de sí y vueltos hacia los demás.

13. Hogar

Fue una peregrinación de dolor y amor.

Los hermanos vivieron salidos de sí y abiertos hacia los otros. Bajaron a las profundidades para controlar los instintos salvajes.

Guardaron en el silencio de sus archivos innumerables historias.

Sajaron muchos tumores.

Cauterizaron muchas heridas.

Purificaron las aguas de lagunas venenosas.

Se arriesgaron a abrir las puertas a caminantes desconocidos y sin reticencias les dieron cobijo en el rincón más cálido de su intimidad.

Abrazaron con los brazos de Jesús.

Como Jesús, acogieron con entrañas de misericordia a los vacilantes.

En suma, dieron mucha vida.

* * *

Como fruto de tan larga peregrinación, hoy vivimos en un *Hogar*. Es una atmósfera cálida, impregnada de gozo, intimidad, confianza y seguridad, que nos envuelve y nos compenetra a todos. Una familia unida y feliz.

Hemos alcanzado el Sueño de Oro.

Oración de fraternidad

Señor Jesucristo,
columna de unidad
y rey de la fraternidad.
Envíanos cada mañana
una ráfaga de tu espíritu.
Derriba los muros de separación
levantados por el egoísmo,
el orgullo y la vanidad.
Aleja de nuestra casa
las envidias que siembran discordias.
Líbranos de las inhibiciones.
Sosiega los impulsos
y cólmanos de serenidad.

Haz surgir en nuestras intimidades
corrientes sensibles y cálidas
para que nos perdonemos
y nos comprendamos,

nos estimulemos y nos celebremos
como hijos de una misma madre.

Retira de nuestro camino
las rivalidades y aversiones;
rompe los bloqueos
para que seamos unos con otros
abiertos y leales,
sinceros y veraces.

Crezca la confianza
como árbol frondoso
a cuya sombra
todos nos sintamos felices.
Y así seremos ante el mundo
el argumento sensible y profético
de que tú, oh Jesús,
estás vivo entre nosotros. Amén.

Epílogo

¿Qué son los talleres?

«Talleres de Oración y Vida» son un servicio eclesial que el Padre Larrañaga inició en 1984.

El Taller consta de quince sesiones. Cada una dura dos horas y la sesión es semanal. Pero el trabajo principal se realiza durante la semana, en la vida diaria.

El Taller es dirigido por un Guía (pueden ser dos) cuya misión consiste en poner en práctica el espíritu y los contenidos del Manual. El Guía no pone nada de su cosecha; entrega al pie de la letra los contenidos recibidos y no improvisa nada. De antemano recibe una preparación intensiva y larga, llamada «Escuela de Formación», que dura un año y que prácticamente resulta un año de conversión.

Al frente de los Guías hay equipos de coordinación desde el local hasta el internacional.

El Taller es un servicio eminentemente laical. La mayoría de los Guías son laicos, y todos los componentes de los equipos directivos son exclusivamente laicos.

* * *

El Taller es:

a) Una *escuela de oración:* se aprende y profundiza en el arte de orar con un carácter experimental y práctico desde los primeros pasos hasta las alturas de la contemplación.

b) Una *escuela de vida:* el asistente va superando paso a paso el mundo interior de angustias y tristezas e inundándose de paz; y va haciéndose cada vez más paciente, humilde, sensible y misericordioso con el programa: ¿Qué haría Jesús en mi lugar?

c) Una *escuela apostólica*: se quiere que el Taller sea un vivero de vocaciones apostólicas: de hecho el Taller logra transformar a muchos talleristas en apóstoles del Señor.

En suma, el Taller compromete al asistente en tres dimensiones: con Dios, consigo mismo y con los demás.

El Taller es un servicio:

a) *limitado:* una vez completadas las quince sesiones, se da por cumplido el objetivo y los Guías se retiran sin constituir comunidades o grupos estables;

b) *abierto:* a ellos asisten simples cristianos, catequistas, agentes de pastoral, militantes de grupos eclesiales, eclesiásticos y religiosos, los alejados de la Iglesia, los excluidos de los sacramentos, diferentes grupos de evangélicos.

Indice

5.95

TALLER SAN PABLO
BOGOTA
IMPRESO EN COLOMBIA - PRINTED IN COLOMBIA